Erwin Graf

AF532865

Ökosysteme

beobachten – verstehen – schützen

Mit leicht verständlichen Infotexten und zweifach differenzierten Aufgaben für die Klassen 5–7

Auer

Wir haben uns für die Schreibweise mit dem Sternchen entschieden, damit sich Frauen, Männer und alle Menschen, die sich anders bezeichnen, gleichermaßen angesprochen fühlen. Aus Gründen der besseren Lesbarkeit für die Schüler*innen verwenden wir in den Kopiervorlagen das generische Maskulinum. Bitte beachten Sie jedoch, dass wir in Fremdtexten anderer Rechtegeber*innen die Schreibweise der Originaltexte belassen mussten.

In diesem Werk sind nach dem MarkenG geschützte Marken und sonstige Kennzeichen für eine bessere Lesbarkeit nicht besonders kenntlich gemacht. Es kann also aus dem Fehlen eines entsprechenden Hinweises nicht geschlossen werden, dass es sich um einen freien Warennamen handelt.

1. Auflage 2023

© 2023 Auer Verlag, Augsburg
AAP Lehrerwelt GmbH
Alle Rechte vorbehalten.

Das Werk als Ganzes sowie in seinen Teilen unterliegt dem deutschen Urheberrecht. Der*die Erwerber*in der Einzellizenz ist berechtigt, das Werk als Ganzes oder in seinen Teilen für den eigenen Gebrauch und den Einsatz im eigenen Präsenz- oder Distanzunterricht zu nutzen.

Produkte, die aufgrund ihres Bestimmungszweckes zur Vervielfältigung und Weitergabe zu Unterrichtszwecken gedacht sind (insbesondere Kopiervorlagen und Arbeitsblätter), dürfen zu Unterrichtszwecken vervielfältigt und weitergegeben werden. Die Nutzung ist nur für den genannten Zweck gestattet, nicht jedoch für einen schulweiten Einsatz und Gebrauch, für die Weiterleitung an Dritte einschließlich weiterer Lehrkräfte, für die Veröffentlichung im Internet oder in (Schul-)Intranets oder einen weiteren kommerziellen Gebrauch. Mit dem Kauf einer Schullizenz ist die Schule berechtigt, die Inhalte durch alle Lehrkräfte des Kollegiums der erwerbenden Schule sowie durch die Schüler*innen der Schule und deren Eltern zu nutzen. Nicht erlaubt ist die Weiterleitung der Inhalte an Lehrkräfte, Schüler*innen, Eltern, andere Personen, soziale Netzwerke, Downloaddienste oder Ähnliches außerhalb der eigenen Schule. Eine über den genannten Zweck hinausgehende Nutzung bedarf in jedem Fall der vorherigen schriftlichen Zustimmung des Verlags.

Sind Internetadressen in diesem Werk angegeben, wurden diese vom Verlag sorgfältig geprüft. Da wir auf die externen Seiten weder inhaltliche noch gestalterische Einflussmöglichkeiten haben, können wir nicht garantieren, dass die Inhalte zu einem späteren Zeitpunkt noch dieselben sind wie zum Zeitpunkt der Drucklegung. Der Auer Verlag übernimmt deshalb keine Gewähr für die Aktualität und den Inhalt dieser Internetseiten oder solcher, die mit ihnen verlinkt sind, und schließt jegliche Haftung aus.

Autor*innen: Erwin Graf
Covergestaltung: Kirstin Lenhart München
Umschlagfoto: iStock by Getty Images – Paul_Cooper
Illustrationen: Steffen Jähde, Corina Beurenmeister
Satz: Satzpunkt Ursula Ewert GmbH, Bayreuth
Druck und Bindung: Korrekt Nyomdaipari Kft.
ISBN 978-3-403-**08821**-9

www.auer-verlag.de

Schlagworte wie „Kompetenzen und Bildungsstandards", „Diagnose und Förderung", „innere Differenzierung und individualisiertes Lernen", „Fördern durch Fordern", „veränderte Aufgabenkultur", „kognitive Aktivierung", „Tiefenstrukturen im Unterricht", „digitale Bildung", „intelligentes Üben" etc. sind heute aus bildungspolitischen Diskussionen und der neueren Unterrichtsforschung kaum wegzudenken. Ein Blick in die Geschichte der Schule zeigt, dass Schule und Unterricht in ihrer Entwicklung nie stehen bleiben, sondern einem permanenten Wandel unterworfen sind. Dieser Wandel ist einerseits auf die – von der Gesellschaft und der Wirtschaft geforderten – veränderten Aufgaben von Schule zurückzuführen, andererseits erwachsen sie auch aus der neueren Schul- und Unterrichtsforschung, die belegt, dass Unterricht nicht beliebig gestaltet werden kann (und nicht „alle Wege nach Rom führen", d. h., zu einem guten individuellen Lern- und Bildungserfolg eines Individuums beitragen), sondern professionell vorbereitet, gestaltet und moderiert werden muss. Zweifellos spielen bei der Unterrichtsplanung Aspekte wie Ziele, Methoden, Medien, Adressaten, Lernorte und -zeiten etc. eine wichtige Rolle. So wichtig diese im Unterrichtsverlauf beobachtbaren (notwendigen, aber nicht hinreichenden) **Sicht- oder Oberflächenstrukturen** auch sind – erwähnenswert sind hier die Forschungsarbeiten der vergangenen 20 Jahre beispielsweise von Andreas HELMKE (2009) und Hilbert MEYER (2011) –, so reichen sie doch für einen lern- und bildungswirksamen Unterricht nicht aus, wie uns die breit angelegten Meta-Studien von John HATTIE (2009 ff.) lehren und vor Augen führen. Für einen erfolgreichen Biologieunterricht spielen dagegen nicht direkt beobachtbare Strukturen eine entscheidende Rolle, die man **Tiefenstrukturen** nennt. Zu diesen Tieferstrukturen zählen:

- die **kognitive Aktivierung** der Lernenden, damit eine vertiefte Auseinandersetzung mit einer Unterrichtsthematik stattfinden kann: klarer Fokus auf die zentralen Ziele und Inhalte, anspruchsvolle Aufgaben, Berücksichtigung des Vorwissens und der Fragen der Lernenden, Selbststeuerung und Selbstkontrolle des Lernprozesses, Herbeiführung kognitiver Konflikte, Bewusstmachen und Erlebenlassen der Selbstwirksamkeit sowie der eigenen Lernfortschritte etc.
- eine **konstruktive Unterstützung** der Lernprozesse, damit die primäre, sachbezogene Motivation gefördert wird und Lernblockaden und -hindernisse minimiert werden: Interesse am individuellen Lernprozess und Lernerfolg, Vertrauen und Zutrauen, gezielte Ermutigung, gegenseitige Wertschätzung und Respekt, Hilfe zur Selbsthilfe durch gezielte Impulse, gezieltes formatives und summatives Feedback etc.
- eine **professionelle Klassenführung:** lernförderliche Unterrichtsatmosphäre, effektive Nutzung der Unterrichts-/Lernzeit, konstruktiver Umgang mit Lehr-Lern-Störungen etc.

Zweifellos hat sich die Unterrichtskultur in der Schule auch in den vergangenen Jahren deutlich verändert, wobei – neben dem erhöhten Einsatz des digitalen Lernens – beispielsweise das auf Diagnostik und Differenzierung basierte individualisierte Lernen, eine lernförderliche Aufgabenkultur und die Lernerfolgsermittlung eine immer wichtigere Rolle spielen.

Im Biologieunterricht kommen der Förderung von biologischer Fachkompetenz, methodisch-strategischer, sozial-kommunikativer sowie personaler Kompetenz eine große Bedeutung zu. Mit den vorliegenden Materialien können sich die Lernenden mit der Thematik „Ökosysteme" weitgehend selbstständig und eigenverantwortlich, d. h. – je nach Intentionen der Lehrkraft, Rahmenbedingungen etc. – in Einzelarbeit, zu zweit oder in Gruppen, auseinandersetzen und nach ihren individuellen **Lernvoraussetzungen** lernen. Hierzu finden Sie für die Thematik „Ökosysteme" zahlreiche **Informationsbausteine** für die Lernenden sowie Arbeitsblätter mit **zweifach differenzierten Aufgaben**, die es Ihnen und den Lernenden ermöglichen, den Lernprozess individuell zu gestalten:

- **Niveau 1** (Grundniveau) ★ sprachlich einfach; leichte Aufgaben
- **Niveau 2** (anspruchsvolles Niveau) ★★ sprachlich anspruchsvoll; mittelschwere und auch komplexe Aufgabenstellungen einschließlich Aufgaben für Anwendung und Transfer

Erwin Graf: Ökosysteme beobachten – verstehen – schützen
© Auer Verlag

Um Ihnen als Lehrkraft die Lernerfolgskontrolle zu erleichtern bzw. den Lernenden die Selbstkontrolle mit den **Lösungen** zu ermöglichen, finden Sie nach jeder Unterrichtseinheit Lösungen zu den Aufgaben. Zusätzlich zu den vorgestellten Arbeitsmaterialien können Filme und andere audiovisuelle Medien zur Bearbeitung und Vertiefung der einzelnen Themen eingesetzt werden.

Alle Unterrichtsmaterialien in diesem Werk können sowohl im klassischen Biologieunterricht in der Schule als auch für die häusliche Einzelarbeit (als Hausaufgabe) gewinnbringend genutzt werden.

Ich wünsche Ihnen viel Freude und Erfolg beim Unterrichten!

Erwin Graf

Erwin Graf: Ökosysteme beobachten – verstehen – schützen
© Auer Verlag

Einordnung der Lehr-Lern-/Unterrichtseinheit „Ökosysteme" in die Bildungs-/Lehrpläne

Mit diesen für die unteren Klassen der Sekundarstufe I ausgearbeiteten **Einführungsbausteinen** zu Ökosystemen werden den Lernenden einerseits wichtige Begriffe aus der Ökologie wie Biotop, Biozönose, Ökosystem, Nahrungskette, Nahrungsnetz etc. nahegebracht und mit Inhalt gefüllt. Zum anderen werden nachhaltig wirksame Kompetenzen erworben, die den Lernenden helfen, sich sachgerecht und eigenverantwortlich durch nachhaltiges Handeln für die Natur einzusetzen.

In den Lehr- und Bildungsplänen der verschiedenen Bundesländer für das Fach Biologie bzw. Naturwissenschaften ist in den unteren Klassenstufen eine Einführung in die Ökologie vorgesehen, wobei auch Aspekte wie systemisches Denken und Nachhaltigkeit berücksichtigt sind.

Pädagogisch-biologiedidaktische Anmerkungen und Begründungen für die Thematik „Ökosysteme"

Während in der Klassenstufe 5 insbesondere der Bau und die Leistungen ausgewählter Pflanzen und Tiere sowie humanbiologische Themen eine tragende Rolle spielen, ist es Ziel der anschließenden Klassenstufen, die Einzelkenntnisse beispielsweise zu bestimmten Pflanzen und Tieren in einen größeren Kontext zu stellen und den Lernenden zu verdeutlichen, in welchen vielfältigen Beziehungen und Abhängigkeiten – zur unbelebten und belebten Mit-Natur – sich die Lebewesen befinden. Damit werden die Grundlagen zum systemischen Denken gelegt und gepflegt, sodass die Lernenden zunehmend besser sich selbst, aber auch die anderen Organismen als Teil im komplexen Gefüge der Natur sehen und immer besser verstehen lernen, welch komplexe Verflechtungen in einem Ökosystem herrschen.

Auf diese Weise wird den Lernenden zunehmend bewusst, dass „das Ganze (eines Ökosystems) sehr viel mehr ist als die Summe der Teile", d. h. der Einzelorganismen und abiotischen Bedingungen, die „systemrelevant" für ein Ökosystem sind. Zwar kennen viele Lernende bereits zentrale ökologische Grundbegriffe (z. B. Biotop, Nahrungskette, Nahrungsnetz), sie können diese jedoch meist nicht durchweg korrekt mit Inhalt füllen. Daher werden mit diesen Materialien – neben den klassischen Unterrichtsprinzipien und Erkenntnismethoden der Naturwissenschaften – auch wesentliche **Grundprinzipien** eines zeitgemäßen Biologieunterrichts wie beispielsweise „Bau/Struktur und Funktion", „Einheit und System", „Information und Kommunikation" sowie „Analysieren, Kommunizieren und Bewerten" berücksichtigt.

An den vorgestellten Ökosystemen können die Lernenden exemplarisch zahlreiche Bedingungen und Voraussetzungen für ein stabiles Ökosystem, das sich stets in einem relativen Fließgleichgewicht befindet, erlernen und so erkennen, dass eine Pflasterritze, eine Steinmauer oder ein Wald weit mehr sind als die Lebewesen, die man auf den ersten Blick sieht. Dabei kommt es auch darauf an, dass die Lernenden zunehmend mit offenen Augen und interessengeleitet ihre Umwelt wahrnehmen und erkennen, dass hinter jedem Phänomen (beispielsweise Vorkommen bestimmter Pflanzen in einer Pflasterritze oder bestimmter Tiere in einem Waldstück) interessante Theoriebausteine verborgen sind und erschlossen werden wollen, um die uns tragende Natur besser zu verstehen und ökoethisch, d. h. verantwortlich und nachhaltig, zu handeln.

Selbstständiges, eigenverantwortliches Lernen im Biologieunterricht

Neben den klassischen Kompetenzen kann der Biologieunterricht gezielt auch sog. Soft Skills wie sorgfältiges Arbeiten, Selbstständigkeit und Eigenverantwortung fördern. Dies erfordert geeignete Unterrichtsarrangements, damit sich die Lernenden wichtige biologische Themenfelder erarbeiten und erschließen können. Dabei kommt es – das lehren uns die neueren Erkenntnisse von Motiva-

Erwin Graf: Ökosysteme beobachten – verstehen – schützen
© Auer Verlag

tionsforschung und Neurowissenschaften – ganz entscheidend darauf an, an das spezifische Vorwissen der Lernenden anzuknüpfen, die Fokussierung auf die zentrale Thematik zu steuern, gezielt auf die kognitive Aktivierung (beispielsweise durch herausfordernde Aufgaben) und eine gute Nutzung der Lernzeit zu achten, notwendige Voraussetzungen für eine erfolgsfördernde Lern- und Arbeitsatmosphäre zu schaffen sowie Möglichkeiten der Selbstvergewisserung und eigenständigen Lernerfolgskontrolle zur Verfügung zu stellen. Damit sind – so lehrt uns die Unterrichtsforschung – wichtige Voraussetzungen gegeben, damit jede*r Lernende – ganz gleich auf welchem Niveau – bestmöglich gefördert und gefordert werden kann, ohne dass der Erwerb biologischer Fachinhalte und die Förderung fachspezifischer Erkenntnismethoden zu kurz kommen.

Basisinformationen zum Thema Ökosysteme

Jedes Ökosystem setzt sich aus abiotischen (nicht-belebten) und biotischen (belebten, biologischen) Komponenten zusammen. Die Gesamtheit der Organismen im Ökosystem (Bakterien, Pilze, Pflanzen etc.) wird als **Biozönose** (Lebensgemeinschaft) bezeichnet; die Organismen stehen untereinander in vielfältigen Abhängigkeiten bzw. Wechselbeziehungen und besiedeln einen unbelebten geografischen Raum, den man **Biotop** (Lebensraum) nennt, d. h., Biotop und Biozönose bilden zusammen ein Ökosystem. Man unterscheidet terrestrische und aquatische Ökosysteme. Bekannte Ökosysteme sind Hecke, Wald oder See. Aber auch tropische Regenwälder, Korallenriffe und das Meer sind Ökosysteme.

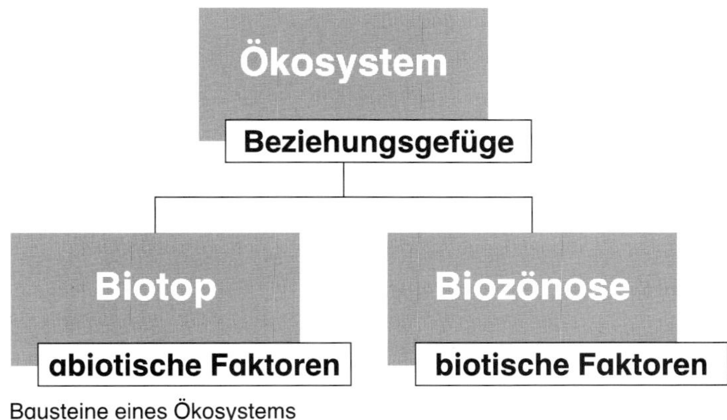

Bausteine eines Ökosystems

Ökosysteme können als offene, dynamische und komplexe Systeme verstanden werden, d. h., alle Ökosysteme sind offen und stehen mit den Komponenten außerhalb des jeweiligen Systems in einem dynamischen Stoff- und Energieaustausch. Die Beziehungen sowohl innerhalb des jeweiligen Ökosystems als auch zwischen verschiedenen Ökosystemen sind überaus komplex und noch keineswegs vollständig erforscht.

Biotische Grundvoraussetzung für ein Ökosystem sind die **Produzenten**, die mittels Foto- und Chemosynthese aus anorganischen Stoffen energiereiche organische Stoffe synthetisieren. Von diesen organischen Stoffen leben die Pflanzenfresser (Herbivoren), d. h., die Tiere sind die **Konsumenten** des Systems. Abgestorbene Pflanzenteile, Ausscheidungen der Konsumenten und Leichen werden von den „Abfallfressern" wie Springschwänzen und Würmern zersetzt, wobei einfache oder überaus komplexe organische Stoffe (z. B. Humine und Huminsäuren) bzw. anorganische Stoffe wie CO_2, H_2O, NH_3, H_2S und Mineralstoffe (Mineralsalze) entstehen; hierbei spielen Bakterien eine überaus wichtige Rolle. Alle Organismen, die bei diesen Ab- und Umbauprozessen beteiligt sind, fasst man unter dem Begriff der **Destruenten** (Reduzenten) zusammen.

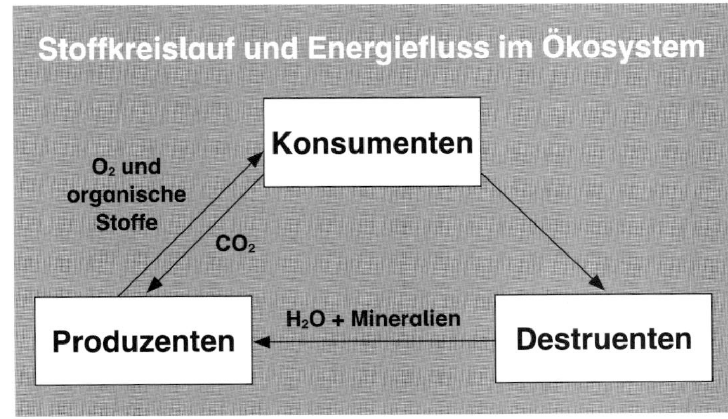

Stoffkreislauf und Energiefluss im Ökosystem (Modell)

Erwin Graf: Ökosysteme beobachten – verstehen – schützen
© Auer Verlag

Kompetenzen, Standards und Ziele für den Unterricht

Der Schwerpunkt dieser Lehr-Lern-Sequenz liegt zunächst darauf, dass sich die Lernenden mit ausgewählten Ökosystemen sowie dem nötigen Fachvokabular (Biotop, Biozönose, Ökosystem, Nahrungskette etc.) an ausgewählten Beispielen möglichst selbstständig und eigenverantwortlich auseinandersetzen. Bei dieser Auseinandersetzung sollen die Lernenden Gewohnheiten, Einstellungen und Haltungen entwickeln, die dazu beitragen können, Ökosysteme „mit anderen Augen zu sehen" und die Einsicht zu entwickeln, dass Ökosysteme „Teil eines Ganzen" sind, die es nachhaltig zu schützen und zu bewahren gilt.

Insbesondere kommt es darauf an, dass die Lernenden ...
- mindestens zwei Ökosysteme nennen können.
- Grundbegriffe wie Biotop, Biozönose, Ökosystem etc. erläutern können.
- begründen können, warum Ökosysteme ganz unterschiedlich sind.
- beschreiben können, dass sich Produzenten, Konsumenten und Destruenten in einem Stoffkreislauf befinden.
- an Beispielen aus verschiedenen Ökosystemen erläutern können, was man unter Nahrungsketten und Nahrungsnetzen versteht.
- die Bedeutung ausgewählter Ökosysteme für den Menschen beschreiben können.
- begründen können, dass auch kleinen Ökosystemen wie dem „Ökosystem Pflasterritze" eine große Bedeutung zukommt.
- beispielhaft erläutern können, welche ökologischen Vorteile eine Natursteinmauer hat, bei der die Steine nicht mit Beton ausgegossen sind.
- sich sachlich fundiert über ausgewählte Ökosysteme unterhalten können.
- das eigene Verhalten – und auch das Handeln anderer – an ausgewählten Beispielen kritisch hinterfragen und bereit sind, das individuelle Handeln nicht nur kritisch zu überdenken, sondern auch zu ändern und somit ökologisch-nachhaltig, vernünftig, selbstbestimmt und selbstverantwortlich zu handeln.

Konzeption und Aufbau der Materialien

Mit den vorliegenden Materialien lässt sich die Thematik „Ökosysteme" auf unterschiedliche methodische Weisen erarbeiten, wobei der weitgehend selbstständigen Arbeit der Lernenden eine hohe Bedeutung zukommt. Insbesondere eignen sich die Arbeitsmaterialien dazu, die Informationstexte und Arbeitsblätter im problem- und handlungsorientierten Biologieunterricht einzusetzen, damit sich die Lernenden ausgewählte Bausteine aus der Ökologie selbst erarbeiten und anhand der Lösungen ihre Arbeitsergebnisse überprüfen und ggf. korrigieren und ergänzen können. Zu jedem Themenbaustein der vorgestellten Ökosysteme sind Informationsmaterialien und Arbeitsblätter mit **zweifach differenzierten Aufgaben** vorhanden, sodass der **Heterogenität** in der Klasse bzw. Lerngruppe gezielt Rechnung getragen werden kann. Die **Lösungen** zu den Aufgaben helfen den Lernenden, nicht nur die **eigenen Lernerfolge** zu erkennen, sondern auch die eigene Konzentration und Anstrengung abzuschätzen und Folgerungen für ihr künftiges Lernen zu ziehen.

Die Materialien können auch für die häusliche Arbeit methodisch erfolgreich eingesetzt werden, da die Aufgaben mittels Informationsbausteinen gut gelöst werden können. Auch als Basis für Referate, im fächerverbindenden Unterricht und in **projektorientierten Unterrichtsphasen bzw. Projekten** lassen sich die angebotenen Bausteine gut einsetzen.

Der vorgestellte **Test** (Bearbeitungszeit: 35 Minuten) kann einerseits zur Feststellung des individuellen Lernerfolgs didaktisch sinnvoll genutzt werden, andererseits können aufgrund des Lernfortschritts bestimmte Zielvereinbarungen getroffen und fixiert werden. Als **Vortest** wird der Test

Erwin Graf: Ökosysteme beobachten – verstehen – schützen
© Auer Verlag

dazu genutzt, dass die Lernenden ihr individuelles Vorwissen zur Thematik abrufen und feststellen können. Er wird nicht korrigiert und kann bei den Lernenden verbleiben oder auch von der Lehrkraft eingesammelt werden. Sinnvollerweise teilt man den Lernenden mit, dass der Vortest identisch ist mit dem Nachtest, der nach Bearbeitung der Lehr-Lern-Einheit geschrieben wird. In einem zweiten Schritt wird die Lehr-Lern-Einheit „Ökosysteme“ bearbeitet. In einem dritten Schritt nehmen sich die Lernenden den **Nachtest** vor. Die Korrektur von Vor- und Nachtest kann – anhand der Lösung – von den Lernenden selbst oder von einem*einer Partner*in vorgenommen werden. Aufgrund des Vergleichs der erreichten Punkte von Vor- und Nachtest kann der **individuelle Lernfortschritt** festgestellt (und ggf. mit dem „Klassen-Lernfortschritt“ abgeglichen) werden. Auf diese Weise kann auch die Selbsterwartung mit dem tatsächlichen Lernerfolg verglichen und in einem weiteren Schritt können ggf. individuelle Zielvereinbarungen fixiert werden, damit die Lernenden nicht nur den persönlichen Lernerfolg wahrnehmen, sondern auch – im Sinne eines **formativen Feedbacks**, dessen Bedeutung aufgrund der Forschungsergebnisse von John HATTIE (2009) kaum hoch genug eingeschätzt werden kann – Folgerungen für künftiges erfolgreiches Lernen abgeleitet werden können, die helfen sollen, das individuelle Lernen „in die eigenen Hände“ zu nehmen.

Weiterführende Informationen

Fachliteratur zur Unterrichtsforschung

Hattie, J. (2009): Visible Learning. A synthesis of over 800 meta-analyses relating to achievement. Routledge, New York.
Hattie, J.; Yates, G. (2014): Visible learning and the Science of How We Learn. Routledge, New York.
Helmke, A. (2009): Unterrichtsqualität und Lehrerprofessionalität, Seelze.
Meyer, H. (2011): Was ist guter Unterricht?, Berlin.

Fachliteratur zur Ökologie

Begon, M.; Howarth, R. W.; Townsend, C. R. (2016): Ökologie, Berlin.
Munk, K. et al. (2021): Ökologie, Stuttgart.

Fachliteratur zur Biologiedidaktik

Graf, E. (Hrsg.)(2018): Biologiedidaktik, Augsburg.

Internetlinks

https://www.wbf-medien.de/medien/biologie/was-kennzeichnet-einen-lebensraum (Was kennzeichnet einen Lebensraum?)
https://www.youtube.com/watch?v=TNdzH4tctVo (Was ist ein Ökosystem?)
https://www.youtube.com/watch?v=fj_TbIM2MBA (Ökosystem Wald)
https://www.youtube.com/watch?v=2evRR9eNPNY (Ökosystem Wald)
https://www.youtube.com/watch?v=xruw81M-Obc (Ökosystem See)

DVD

GIDA-DVD „Ökosystem I“, Sekundarstufe I (ca. 30 Min)

Erwin Graf: Ökosysteme beobachten – verstehen – schützen
© Auer Verlag

Testaufgaben

1. Was ist ein Ökosystem? Ordne die folgenden Begriffe in die Übersicht ein: biotische Faktoren, Lebensgemeinschaft, Lebensraum, Ökosystem, Biozönose, abiotische Faktoren.

   Hinweis: In zwei Kästchen in der Übersicht müssen mehrere Begriffe eingeordnet werden. ______ / **3 Punkte**

______________________	
Biotop ______________ ______________ (nicht-biologische Faktoren)	______________ ______________ ______________ (biologische Faktoren)

2. Auch in den Ritzen zwischen den Pflastersteinen am Straßenrand findet man Pflanzen. Nenne zwei Anpassungen solcher Pflanzen, die ermöglichen, dass diese Pflanzen in den Pflasterritzen leben können. ______ / **2 Punkte**

____

____

____

3. Erläutere drei Vorteile, die begrünte Flachdächer oder begrünte Hauswände für uns Menschen haben. ______ / **3 Punkte**

____

____

____

____

____

____

____

Erwin Graf: Ökosysteme beobachten – verstehen – schützen
© Auer Verlag

4. Benenne die mit den Buchstaben A bis D versehenen Lebewesen an der Steinmauer. _____ / **4 Punkte**

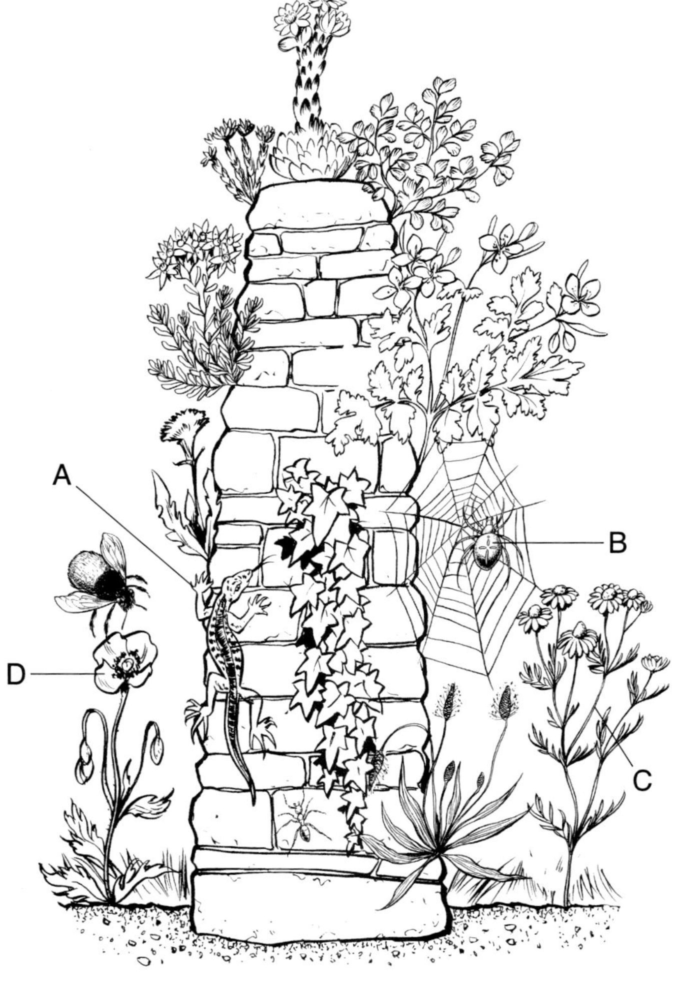

A = ______________________

B = ______________________

C = ______________________

D = ______________________

5. Zähle die vier Waldzonen auf der Nordhalbkugel von Norden nach Süden auf. Beginne mit der nördlichsten Waldzone. _____ / **4 Punkte**

① ______________________

② ______________________

③ ______________________

④ ______________________

6. Zähle vier Bedeutungen des Waldes auf. _____ / **4 Punkte**

① ______________________

② ______________________

③ ______________________

④ ______________________

Erwin Graf: Ökosysteme beobachten – verstehen – schützen
© Auer Verlag

7. Ordne den vier Waldbäumen die richtigen Abbildungen zu.
Verbinde dazu die Abbildungen mit der jeweiligen Baumart.

Hinweis: Zu jedem Baum gehören zwei Abbildungen. _____ **/ 4 Punkte**

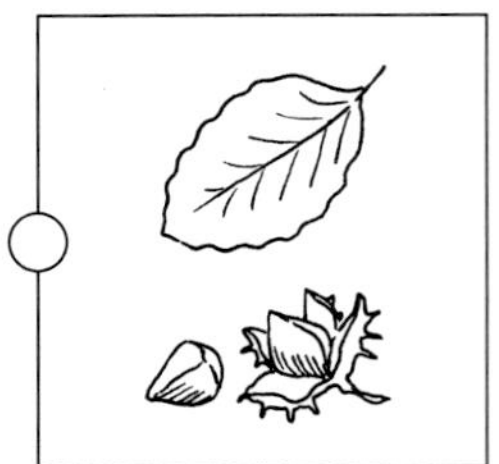

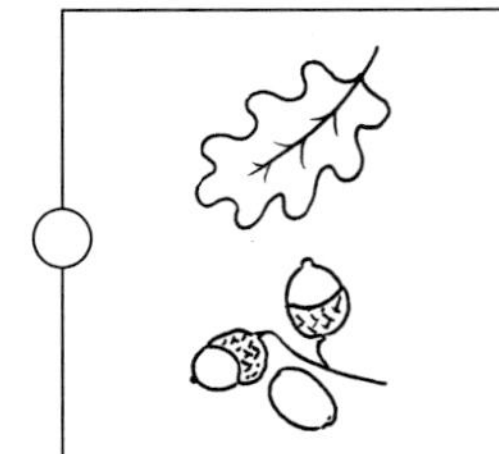

Tanne

8. Erläutere an je einem Beispiel die Begriffe Nahrungskette und Nahrungsnetz. Nutze dazu auch Skizzen mit Beschriftungen. _____ **/ 4 Punkte**

Nahrungskette:

Nahrungsnetz:

Erwin Graf: Ökosysteme beobachten – verstehen – schützen
© Auer Verlag

9. Skizziere und beschreibe den Nährstoffkreislauf in der Natur. ______ / **4 Punkte**

a) Entwirf dazu eine Skizze und setze die Begriffe Produzenten, Konsumenten und Destruenten in die Skizze ein.

b) Erläutere deine Skizze.

10. Nenne zwei Ziele des Umweltschutzes. ______ / **2 Punkte**

Erwin Graf: Ökosysteme beobachten – verstehen – schützen
© Auer Verlag

Lösungen

1. *Für jedes richtige Kästchen 1 Punkt.* **3 Punkte**

Ökosystem	
Biotop Lebensraum abiotische Faktoren (nicht-biologische Faktoren)	Biozönose Lebensgemeinschaft biotische Faktoren (biologische Faktoren)

2. *Für jede richtige Anpassung 1 Punkt.* **2 Punkte**

Pflanzen ertragen große Temperatur- und Feuchtigkeitsschwankungen.
Pflanzen sind trittfest und haben sehr widerstandsfähige Blätter (diese regenerieren sich schnell).

3. *Für jeden richtigen Vorteil 1 Punkt.* **3 Punkte**

mögliche Lösungen: Schutz vor Hitze im Sommer, Schutz vor Wind, schützt Wände und Flachdächer vor Hagel, Schutz vor Kälte/Wärmeverlust im Winter (Isolation), entzieht der Luft Staub und andere Schadstoffe (Luftreinigung), bindet Regenwasser (Wasserspeicher), setzt bei der Fotosynthese Sauerstoff frei, befeuchtet die Luft bei starker Trockenheit

4. *Für jedes richtige Lebewesen 1 Punkt.* **4 Punkte**

A = Eidechse
B = Kreuzspinne
C = Kamille
D = Klatschmohn

5. *Für jede richtige Waldzone 1 Punkt.* **4 Punkte**

(1) nördlicher (borealer) Nadelwald (sog. Taiga)
(2) Laub- und Mischwaldgürtel
(3) Hartlaubzone (z. B. Mittelmeerländer)
(4) tropische Regenwälder (in den Tropen)

6. *Für jede richtige Bedeutung 1 Punkt.* **4 Punkte**

mögliche Lösungen: liefert Holz (Brennholz, Möbelholz etc.), Lebensraum für viele Pflanzen und Tiere, Reinigung der Luft, Erholungsraum für die Menschen, liefert Früchte, liefert Pilze

7. *Für jeden richtigen Baum 1 Punkt.* **4 Punkte**

Eiche

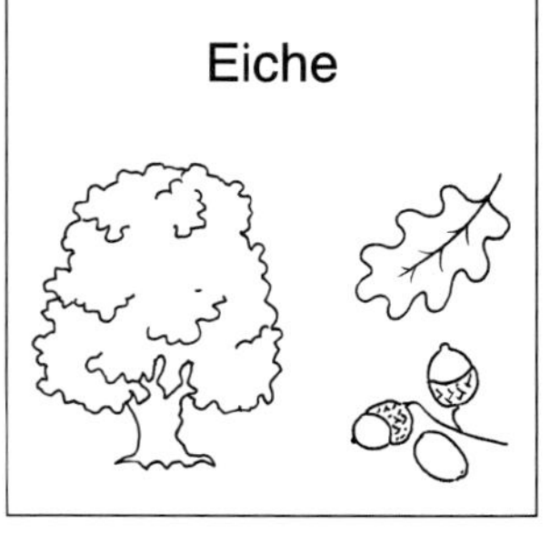

Tanne

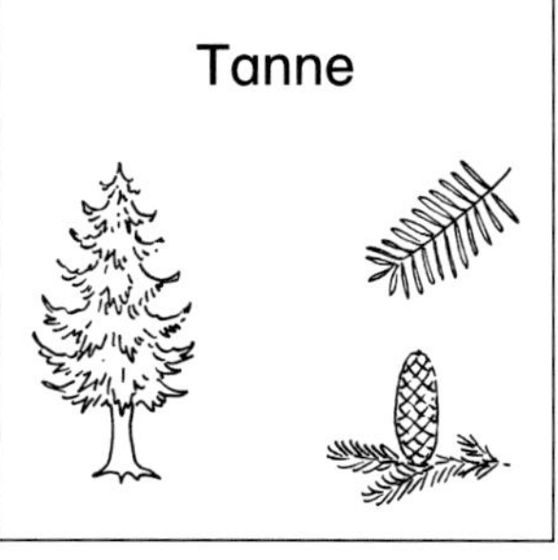

Kiefer

Buche

Erwin Graf: Ökosysteme beobachten – verstehen – schützen
© Auer Verlag

8. *Für jede richtige Erläuterung 2 Punkte.* **4 Punkte**

Nahrungskette: In einer Nahrungskette stehen die Lebewesen hintereinander, die einander als Nahrung dienen. Beginn einer Nahrungskette sind stets Produzenten (grüne Pflanzen), die mithilfe des Sonnenlichts energiereiche organische Stoffe (z. B. Traubenzucker = Glukose) aus energiearmen Stoffen herstellen.

Beispiel: Grünalge → Wasserschnecke → Karpfen → Hecht

Nahrungsnetz: Ein Nahrungsnetz entsteht/besteht aus miteinander verbundenen Nahrungsketten. Je mehr Nahrungsketten miteinander verbunden sind, desto komplexer ist das Nahrungsnetz.

Beispiel:

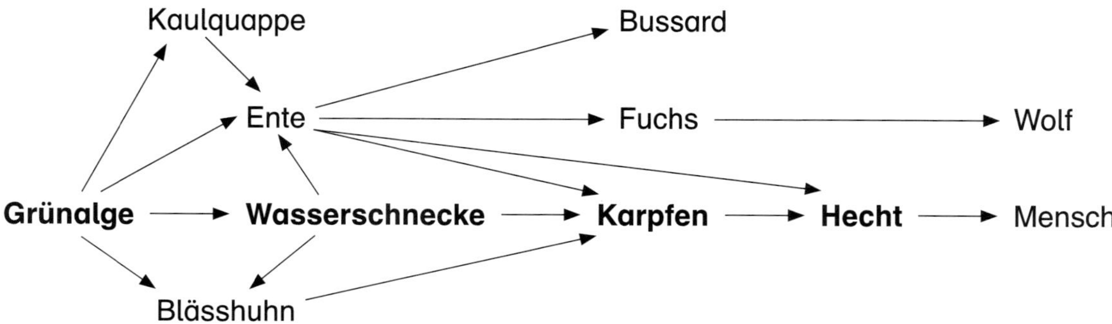

9. *Für a) 1 Punkt und für b) 3 Punkte.* **4 Punkte**

a)

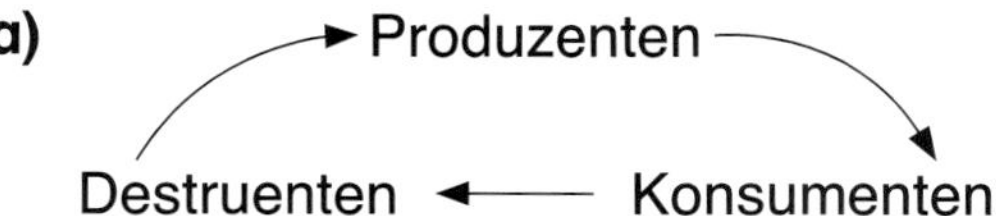

b) Die **Produzenten** sind stets der Beginn einer Nahrungskette. Bei den Produzenten beginnt auch der Nährstoffkreislauf. Die Produzenten (grüne Pflanzen) stellen mithilfe von Sonnenenergie energiereiche Stoffe (Traubenzucker) aus energiearmen Stoffen (Kohlenstoffdioxid, Wasser) her. Von den Produzenten ernähren sich die Pflanzenfresser. Diese werden wiederum von anderen (meist größeren) Konsumenten gefressen. Sterben die Pflanzen oder die Konsumenten, so werden sie von den Destruenten (z. B. Bakterien) zersetzt. Dabei entstehen Stoffe, die die Produzenten aufnehmen. Dann beginnt der Kreislauf von vorn.

10. *Für jedes richtige Ziel 1 Punkt.* **2 Punkte**

mögliche Lösungen: Schutz bedrohter Lebensräume/Landschaften und Ökosysteme, Schutz bedrohter/seltener/besonderer Pflanzen und Tiere

Erwin Graf: Ökosysteme beobachten – verstehen – schützen
© Auer Verlag

Auswertung

Name: ______________________________

Vortest vor Beginn der Lehr-Lern-Einheit: **Vortest** vor Beginn der Lehr-Lern-Einheit

Datum: ______________

maximal erreichbare Punktzahl: **34 Punkte** erreichte Punktzahl: ______________

Nachtest nach Abschluss der Lehr-Lern-Einheit

Datum: ______________

maximal erreichbare Punktzahl: **34 Punkte** erreichte Punktzahl: ______________

Gesamtergebnis beider Tests

______________ – ______________ = ______________

(Punktzahl Nachtest) (Punktzahl Vortest) (Punktedifferenz)

Ich bin mit meinem Ergebnis (sehr) zufrieden, weil ______________

Ich bin mit meinem Ergebnis (überhaupt) nicht zufrieden, weil ______________

Das sind meine Folgerungen für das Lernen im Fach Biologie (evtl. nach einem Gespräch mit der Biologielehrkraft) für die Zukunft:

Erwin Graf: Ökosysteme beobachten – verstehen – schützen
© Auer Verlag

Infotext: Lebensräume auf dem Schulgelände

Überall Lebensräume

Nicht nur vor eurer Haustür und auf dem Weg zur Schule gibt es viele Lebensräume, sondern auch auf dem Schulgelände. Ein Schulgelände auf einem Dorf ist zwar anders als in einer kleinen oder in einer sehr großen Stadt, jedoch gibt es auf jedem Schulgelände viele Lebensräume, die von ganz unterschiedlichen Pflanzen und Tieren besiedelt sind. Auch dort, wo auf den ersten Blick nur Steine und Beton zu sehen sind, gibt es zahlreiche Lebewesen – man muss nur etwas genauer hinsehen! So leben beispielsweise im Lebensraum Schulhof zahlreiche Pflanzen und Tiere, ebenso auf einer Wiese, in einer Hecke, auf einem Baum, im Schulgarten oder im Schulteich.

Auch auf dem Weg zur Schule oder zum Sport kannst du ganz unterschiedliche Lebensräume sehen. Oft muss man nur auf Lebensräume achten, auf Pflanzen und Tiere, und schon erkennt man, dass beispielsweise im Lebensraum auf einem Baum, auf der Baumscheibe unter einem Baum, im Teich eines Vorgartens, im Schulgarten, an einer Gartenmauer oder unter einer Hecke ganz unterschiedliche Lebewesen (Organismen) zu sehen sind. Dies liegt daran, dass die Lebensbedingungen in den Lebensräumen an den verschiedenen Orten recht unterschiedlich sind.

Voraussetzungen für das Leben und Überleben

Nur dann, wenn ein Lebensraum alle Voraussetzungen für das Überleben eines Lebewesens erfüllt, kann das betreffende Lebewesen dort leben und überleben. Der Lebensraum ist sozusagen das Zuhause eines Lebewesens. Die meisten Pflanzen und Tiere bewohnen nur **einen** bestimmten Lebensraum. Manche Tiere, wie Zugvögel, haben mehrere Lebensräume wie beispielsweise einen Sommer-Lebensraum in Deutschland und einen Winter-Lebensraum in Afrika.

© JasperSuijten, https://stock.adobe.com/de

Lebensraum Teich

© comofoto, https://stock.adobe.com/de

Lebensraum Sandsteinmauer

© christian65, https://stock.adobe.com/de

Pflasterritzen mit Löwenzahn

© KK imaging, https://stock.adobe.com/de

Wasserfrosch am Teich

© C Schüßler, https://stock.adobe.com/de

Mauereidechse

© Wiltrud, https://stock.adobe.com/de

Steinläufer

Lebensräume verändern sich

Ein Lebensraum bleibt nie gleich, auch wenn es manchmal so scheint. Infolge der Sonnenstrahlung, der unterschiedlichen Niederschlagsmengen, der Lufttemperatur etc. verändern sich die **Lebensbedingungen** in einem Lebensraum bereits innerhalb weniger Stunden. Auch zu verschiedenen Jahreszeiten sind viele Lebensräume recht unterschiedlich. Deshalb sieht man in einem Lebensraum zu verschiedenen Jahreszeiten teilweise ganz unterschiedliche Pflanzen und Tiere.

Erwin Graf: Ökosysteme beobachten – verstehen – schützen
© Auer Verlag

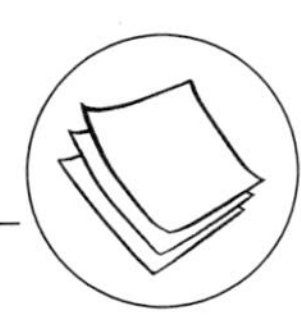

Aufgaben: Lebensräume auf dem Schulgelände

1. ★ Nenne vier Lebensräume bei euch an der Schule. Notiere zu jedem Lebensraum ein Lebewesen (Pflanze oder Tier), das du in diesem Lebensraum schon gesehen hast.

① ______________________ Lebewesen: ______________________

② ______________________ Lebewesen: ______________________

③ ______________________ Lebewesen: ______________________

④ ______________________ Lebewesen: ______________________

2. ★ Erläutere, weshalb in verschiedenen Lebensräumen unterschiedliche Pflanzen und Tiere anzutreffen sind.

____

____

____

3. ★★ Wähle Lebensräume an der Schule aus und beschreibe die Lebensbedingungen, die dort herrschen. Ergänze die Tabelle wie im Beispiel.

Datum: ________ **Uhrzeit:** ________	**Licht (hell/schattig)**	**Temperatur (heiß/kühl)**	**Feuchtigkeit (trocken/nass)**	**Wind (windig/windstill)**	**Anmerkungen**
Beispiel: Pflaster	*schattig*	*kühl*	*trocken*	*windstill*	*wird viel betreten*
Fahrrad-abstellplatz					

4. ★★ Erläutere, wodurch sich die Lebensbedingungen in einem Lebensraum während eines Jahres verändern.

____

____

____

Erwin Graf: Ökosysteme beobachten – verstehen – schützen
© Auer Verlag

Infotext: Was sind ein Biotop, eine Biozönose und ein Ökosystem?

Großlandschaften

Auf der Erde gibt es zahlreiche ganz unterschiedliche **Großlandschaften**, beispielsweise Wälder, Wüsten, Steppen, Meeresküsten, Gebirge etc. In jeder Landschaft kann man kleinere Bereiche unterscheiden, wie beispielsweise Seen, Flüsse, Bäche, Teiche, Wiesen, Felder, Hecken etc. Besonders wichtig für eine Landschaft sind die Lebewesen, die dort leben. Eine Steppe ohne Gräser ist keine Graslandschaft, ein Wald ohne Bäume und Sträucher ist keine Waldlandschaft und eine Hecke ohne Pflanzen und Tiere ist keine echte Hecke. Bei einer **Landschaft** können wir somit zwei große Bestandteile unterscheiden: der nicht-lebende Teil einer Landschaft und die Lebewesen, die dort leben.

Lebensraum (Biotop)

Der Lebensraum, auch Biotop genannt, macht den nicht-lebenden Teil einer Landschaft aus. Dazu gehören: Luft, Licht, Wasser, Wärme, Boden, Felsen etc. Die Lebewesen sind bei dieser Beschreibung nicht berücksichtigt. Ein Lebensraum ist ein abgegrenztes Gebiet, z. B. die Fläche eines Waldes oder Sees. Um die Menschen auf einen besonderen Lebensraum, in dem eine schützenswerte Lebensgemeinschaft lebt, aufmerksam zu machen, stellt man gelegentlich Schilder auf.

Lebensraum

Lebensgemeinschaft (Biozönose)

Es ist kein Zufall, welche Pflanzen und Tiere in einem bestimmten Lebensraum vorkommen. Zwischen dem Lebensraum und den Lebewesen bestehen enge Beziehungen. Nur wenn die äußeren **nicht-biologischen Bedingungen** (z. B. Licht, Luft etc.) dies zulassen, können Lebewesen in einem Biotop leben. Fehlt beispielsweise Licht, so können grüne Pflanzen nicht wachsen.

Lebensgemeinschaft

Die Lebewesen, die in einem Lebensraum leben, bilden zusammen eine **Lebensgemeinschaft** oder **Biozönose**. Ein Aspekt der Beziehungen zwischen den Lebewesen eines Lebensraums sind die Nahrungsbeziehungen. So werden beispielsweise Feldmäuse und junge Feldhasen von Mäusebussarden gefressen. Die Feldmäuse und Feldhasen fressen Gräser und Kräuter. Gäbe es keine Gräser und Kräuter, so gäbe es auch keine Feldmäuse und Feldhasen – und dann natürlich auch keine Mäusebussarde in diesem Lebensraum.

Ökosystem

Spricht man von einem Ökosystem, so meint man damit den Lebensraum **plus** die Lebewesen, die in diesem Lebensraum leben:

Ökosystem = Biotop + Biozönose

Beispiele für Ökosysteme sind: Teich, Bach, See, Hecke, Wald, Garten, Acker, Wiese etc.

Ökosystem

Erwin Graf: Ökosysteme beobachten – verstehen – schützen
© Auer Verlag

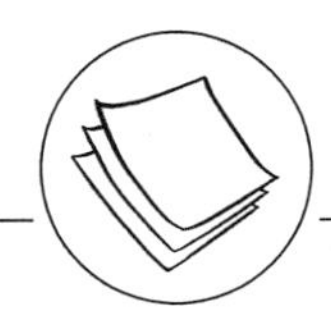

Aufgaben: Was sind ein Biotop, eine Biozönose und ein Ökosystem?

1. ★ In der Biologie und Geografie unterscheidet man Großlandschaften und Landschaften. Kreuze in der Übersicht an, ob es sich um eine Großlandschaft oder um eine Landschaft handelt.

	Großlandschaft	Landschaft
Wüsten		
Wälder		
Steppen		
Ozeane		
Gebirge		
Titisee im Schwarzwald		

2. ★ Ergänze den Lückentext mit folgenden Wörtern: Ökosystem (2x), Licht, bestimmten, Luft, Zufall, biologischen, Biotop (2x), Biotope, Wärme, Lebewesen (2x), Biozönose (2x), äußeren, Lebensraum.

Den Lebensraum, der den nicht-biologischen Anteil einer Landschaft ausmacht, nennt man __________________. Zum nicht-biologischen Anteil einer Landschaft gehören beispielsweise Wasser, Boden, Felsen, __________________, __________________ und __________________. Beispiele für __________________ sind Bäche, Wälder und Wiesen. Die Lebewesen, die in einem __________________ oder __________________ leben, bilden zusammen eine Lebensgemeinschaft. Statt Lebensgemeinschaft sagen die Biologen in der Fachsprache __________________. Die Lebewesen in einem Lebensraum bilden den __________________ Anteil eines Ökosystems. Es ist kein __________________, welche Lebewesen in einem __________________ Lebensraum vorkommen. Nur wenn die __________________, nicht-biologischen Bedingungen (z. B. Licht, Luft etc.) dies zulassen, können die __________________ in einem Biotop leben. Von einem __________________ spricht man, wenn man den Lebensraum plus die __________________, die in diesem Lebensraum leben, zusammenfasst: __________________ = Biotop + __________________.

3. ★★ Gelegentlich sieht man in der Natur ein Schild wie dieses. Erläutere, was damit gemeint sein könnte.

____

____

____

© outdoorpixel, https://stock.adobe.com/de

Erwin Graf: Ökosysteme beobachten – verstehen – schützen
© Auer Verlag

Infotext: Begrünte Hauswände, Flachdächer und Trockenmauern als Lebensräume (1)

Begrünte Hauswände und Flachdächer

Es gibt Häuser, deren Außenwände begrünt sind. Häufige Pflanzen an Hauswänden sind Efeu und Wilder Wein (Jungfernrebe). Mittels Haftwurzeln (bei Efeu) bzw. Haftscheiben (beim Wilden Wein) halten sich diese Pflanzen an den Mauern fest und wachsen an ihnen empor, immer dem Licht entgegen. Die Pflanzen an den Fassaden schützen die Mauern nicht nur vor Wind, Niederschlägen, sommerlicher Hitze und Wärmeverlust im Winter, sondern sind auch wichtige Lebensräume für zahlreiche Tiere. Vögel wie Amseln, Sperlinge, Rotschwänzchen und Rotkehlchen nisten in den dichten Fassadenpflanzen, finden Schutz und Verstecke, aber auch Insekten und Spinnen als Nahrung.

Efeu an Hausfassade

© photo 5000, https://stock.adobe.com/de

Wilder Wein

© Aggi Schmid, https://stock.adobe.com/de

Zudem gibt es immer häufiger begrünte Flachdächer. Die auf Flachdächern wachsenden Pflanzen entziehen der Luft nicht nur sehr viel Staub und andere Schadstoffe, sondern binden bei Regen viel Wasser, befeuchten bei Trockenheit die Luft und sind wichtige Lebensräume für viele Pflanzen und Tiere wie Ameisen, Spinnen und Vögel. Flachdachpflanzen und Pflanzen an Hauswänden betreiben nicht nur Fotosynthese und setzen dabei Sauerstoff frei, sie liefern auch einen wichtigen Beitrag zum Artenschutz und bieten wichtigen Bestäubern wie Wildbienen, Honigbienen und Schmetterlingen vielfältig Nahrung. Die Pflanzen auf Flachdächern müssen nicht nur viel Hitze ertragen können, sondern auch mit wenig Wasser auskommen. Viele Flachdachpflanzen haben eine dicke Wachsschicht als Verdunstungsschutz auf ihren Blättern. Die Blätter sind oft klein und liegen manchmal flach auf dem Boden. Dadurch verlieren die Pflanzen wenig Wasser.

begrüntes Flachdach

© miss mafalda, https://stock.adobe.com/de

Erwin Graf: Ökosysteme beobachten – verstehen – schützen
© Auer Verlag

Infotext: Begrünte Hauswände, Flachdächer und Trockenmauern als Lebensräume (2)

Lebewesen an Trockenmauern

Mauerbiene (Wildbienenart)

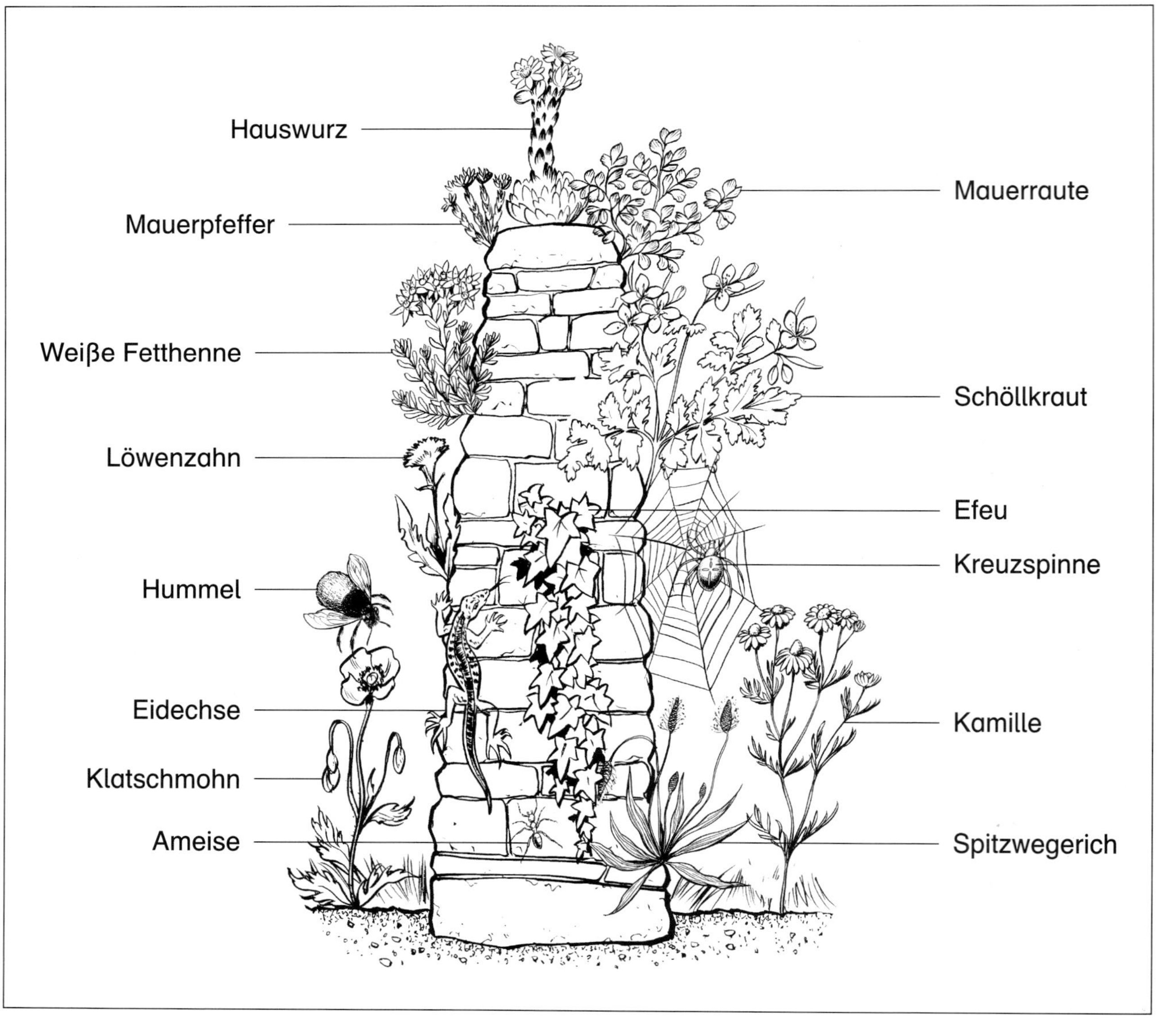

© JuergenL, https://stock.adobe.com/de

Trockenmauern bestehen aus übereinandergeschichteten Natursteinen wie Sandstein, Granit oder Kalkstein. Die Steine speichern viel Wärme, weshalb man an Trockenmauern vorwiegend wärmeliebende Pflanzen und Tiere findet, die mit wenig Wasser auskommen. Hier gibt es nicht nur zahlreiche Insekten (Ameisen, Ohrwürmer etc.), Spinnen, Eidechsen und Vögel, sondern auch viele Pflanzen wie die jeweils gelb blühenden Pflanzen Mauerpfeffer, Löwenzahn und Schöllkraut sowie Spitzwegerich und Fetthenne, die jeweils weiß blühen. Manchmal findet man blau blühende Veilchen und rot blühenden Klatschmohn in Mauerritzen, wenn ausreichend Erde vorhanden ist und die Lücken zwischen den Steinen entsprechend tief sind.

Hauswurz
Mauerraute
Mauerpfeffer
Weiße Fetthenne
Schöllkraut
Löwenzahn
Efeu
Kreuzspinne
Hummel
Eidechse
Kamille
Klatschmohn
Ameise
Spitzwegerich

Erwin Graf: Ökosysteme beobachten – verstehen – schützen
© Auer Verlag

Aufgaben: Begrünte Hauswände, Flachdächer und Trockenmauern als Lebensräume

1. ★ Nenne drei Vorteile, die begrünte Hauswände und Flachdächer für uns Menschen haben.

begrüntes Flachdach

© miss mafalda, https://stock.adobe.com/de

2. ★ Erläutere, welche Bedeutung begrünte Hauswände und Flachdächer sowie Trockenmauern für Pflanzen und Tiere haben.

3. ★★ Finde in der Buchstabenschlange möglichst viele Pflanzen und Tiere, die an einer Trockenmauer leben können.

MANUZIKAMILLERAMENMBVXZTKLATSCHMOHNPFNMAOLÖVWREFEUZARMNMWF
DREIDECHSEFVWEKREUZSPINNEZURTMPÜOWQMRCVHCZEFETTHENNEMNAÖLS
KMHUMMELUZERWEEZURMAUERRAUTESMNCNHEIMOMNASAMEISEKFMNBVMM
AOENWQURRZSTUTNSPITZWEGERICHNBVVMNWRMUASDFJKHAUSWURZMNEAI
EREVSCHÖLLKRAUTKAMANUVUERMEMANUFAMALMAUERPFEFFERJXCHEÖLDZM
AZAZALXNXCHAKJLÖWENZAHNREWERTHEZMNUEXCHARMJKLÖSDGHGLÖZ

4. ★★ Begründe, warum man aus biologischer Sicht beim Anlegen von Trockenmauern auf das Schließen der Fugen (z. B. mit Zementmörtel oder Beton) verzichten sollte.

Erwin Graf: Ökosysteme beobachten – verstehen – schützen
© Auer Verlag

Infotext: Faktoren, die die Lebensmöglichkeiten in einem Ökosystem begrenzen

Umweltansprüche von Lebewesen

Jedes Lebewesen hat Ansprüche an seine Umwelt, damit es an einem bestimmten Ort leben kann. Dies kennst du auch von Zimmerpflanzen: Werden **Zimmerpflanzen** gepflegt und regelmäßig gegossen, so gedeihen sie. Werden sie aber nicht, zu selten oder zu viel gegossen oder bekommen sie kein Licht, so verkümmern sie und sterben schließlich. Auch Tiere haben bestimmte Ansprüche an ihre Umwelt, damit sie leben können: **Igel** ernähren sich unter anderem von Käfern und anderen Insekten. Gibt es genug Nahrung, so können Igel von Frühjahr bis Herbst genügend Fettreserven anlegen, um Winterschlaf zu halten und im Frühjahr wieder auf Jagd gehen zu können. Gibt es für Igel im Sommer aber zu wenig Nahrung, so reichen die Fettreserven für die Zeit des Winterschlafs nicht aus. Dann wachen die Igel im Winter aus dem Winterschlaf auf und gehen auf Nahrungssuche. Die meisten im Winter nach Nahrung suchenden Igel erfrieren jedoch.

In der Biologie unterscheidet man zwei Gruppen von Umweltbedingungen (= Umweltfaktoren), die für ein Lebewesen wichtig sind: nicht-biologische (abiotische) Umweltfaktoren und biologische (biotische) Umweltfaktoren.

Nicht-biologische (abiotische) Umweltfaktoren

Die nicht-biologischen oder abiotischen Umweltfaktoren sind Umweltbedingungen, die nichts mit Lebewesen zu tun haben. Abiotische Umweltfaktoren sind auch dann wirksam, wenn kein Lebewesen da ist. Solche nicht-biologischen Umweltfaktoren sind beispielsweise: Wärme, Kälte, Regen, Schnee, Luftfeuchtigkeit, Wind, Sturm, Sauerstoff, Kohlenstoffdioxid, Bodenbeschaffenheit, Bodenfeuchtigkeit etc.

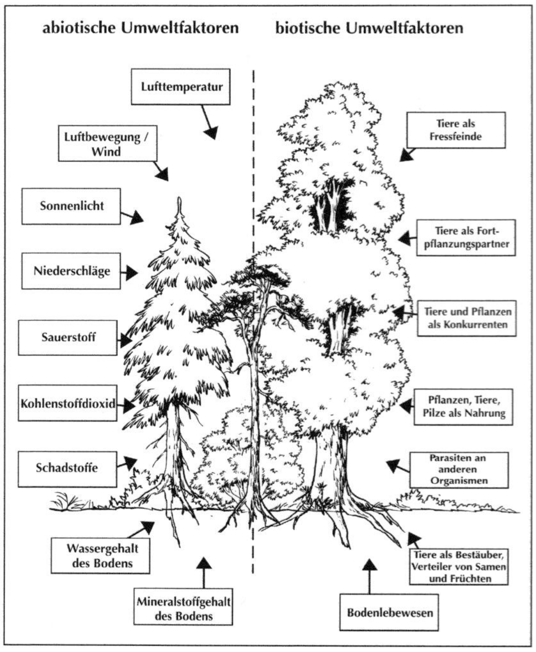

Biologische (biotische) Umweltfaktoren

Unter biologischen (biotischen) Umweltfaktoren fasst man alle Umweltbedingungen zusammen, die mit Lebewesen zusammenhängen. Ob ein Lebewesen an einem bestimmten Ort (z. B. See, Hecke, Wiese) leben kann, hängt auch ganz stark von anderen Lebewesen ab. Wenn es beispielsweise zu viele Tiere gibt, die eine bestimmte Pflanze gern verzehren, so hat die Pflanze keine Überlebenschancen. Und wenn es für ein Tier wie eine Biene, einen Igel oder einen Feldhasen keine Nahrung gibt, so stirbt das Tier. Zu den biotischen Faktoren oder biologischen Umweltbedingungen für ein Lebewesen gehören beispielsweise: Nahrungs- und Nistkonkurrenten aus der eigenen Art, Nahrungs- und Nistkonkurrenten aus anderen Arten, Fressfeinde, Bestäuber (z. B. Hummeln, Bienen), Samenverbreiter (z. B. Ameisen, Vögel), das Angebot an biologischer Nahrung wie bestimmte Pflanzen und Tiere, Geschlechtspartner, Krankheitserreger (z. B. Bakterien, Viren, Pilze) etc.

Beispiel Koala: Der Koala, manchmal auch Koalabär genannt, hat ein dichtes braun-silbergraues Fell. Er wird bis zu 85 cm groß. Koalas leben auf Bäumen in lichten Eukalyptuswäldern in Australien und ernähren sich vor allem von den Blättern, der Rinde und den Früchten der Eukalyptusbäume. Fehlen Eukalyptusbäume infolge von Rodungen oder Waldbränden in einem Gebiet, so können Koalas dort nicht mehr leben.

Erwin Graf: Ökosysteme beobachten – verstehen – schützen
© Auer Verlag

Aufgaben: Faktoren, die die Lebensmöglichkeiten in einem Ökosystem begrenzen

1. ★ Erläutere am Beispiel der Zimmerpflanze und eines Tieres deiner Wahl, dass sowohl Pflanzen als auch Tiere bestimmte Ansprüche an ihre Umwelt haben, um leben zu können.

2. ★ Ergänze den Lückentext mit folgenden Wörtern: dichtes, wichtig, lebenswichtiger, Ökosystem, China, abiotische, wasserabweisend, Natur, Bambus, zwei, Bambusbär, Umweltbedingungen, biologische, Ort, Pandas, Pflanzenfresser, weiß, Ohren, verhungern, Augen, Haut.

   In der Biologie unterscheidet man ______________ Gruppen von ______________ (= Umweltfaktoren), die für ein Lebewesen ______________ sind: nicht-biologische (______________) und ______________ (biotische) Umweltfaktoren. Fehlt ein ______________ Umweltfaktor, so kann das Lebewesen an diesem ______________ bzw. in diesem ______________ nicht leben. Beispiel: Der Panda, auch ______________ genannt, kommt in der ______________ nur in ______________ vor. Der Panda hat ein ______________ Fell, das ______________ ist und so die ______________ vor Nässe schützt. Das Fell ist schwarz und ______________. Die Beine, die kleinen spitzen ______________ und die Umgebung der ______________ sind schwarz. Die ______________ ernähren sich von ______________, d. h., die Tiere sind reine ______________. Werden die Bambuspflanzen (z. B. durch Brände) zerstört, ______________ die Tiere.

3. ★★ Ordne die in der Tabelle aufgeführten Umweltfaktoren den abiotischen bzw. biotischen Faktoren zu. Kreuze entsprechend an.

	abiotischer Umweltfaktor	biotischer Umweltfaktor
Niederschlag		
Nahrungskonkurrent		
Sauerstoff		
Licht		
Geschlechtspartner		
Bakterien als Krankheitserreger		
Wasser		
Wildbiene als Bestäuber		

Erwin Graf: Ökosysteme beobachten – verstehen – schützen
© Auer Verlag

Infotext: Ökosysteme im Überblick

Ökosysteme

Auf der Erde gibt es viele ganz unterschiedliche Ökosysteme. Ein Ökosystem ist ein Verbund eines Biotops (Lebensraum) und der dort lebenden Gemeinschaft von Pflanzen und Tieren (Biozönose, Lebensgemeinschaft). Sehr große Lebensgemeinschaften mit unzähligen Pflanzen- und Tierarten nennt man **Biome**. Hier sind einige Beispiele für Biome: **Lebensgemeinschaften** im tropischen Regenwald in Südamerika oder Afrika, im Ozean, im Korallenriff oder in der Sahara (größte Wüste).

Ökosysteme sind unterschiedlich groß. Manche sind groß (z. B. der tropische Regenwald in Südamerika oder der Bodensee), andere Ökosysteme sind sehr klein (z. B. ein Tümpel, ein See, eine Hecke, ein Aquarium). Die Grenzen zwischen den verschiedenen Ökosystemen sind fließend. So gehen Wiesen, Felder, Hecken und Wälder grenzenlos ineinander über. Viele Lebewesen bewohnen zu verschiedenen Lebenszeiten unterschiedliche Ökosysteme. Grasfrösche und Feuersalamander nutzen beispielsweise für ihre Fortpflanzung verschiedene Oberflächengewässer (z. B. Seen, Tümpel), während sie nach der Fortpflanzung in den feuchten Wald zurückkehren und dort überwintern.

Ökosysteme, die man in verschiedenen Erdteilen findet

Die Ökosysteme auf der Erde kann man in Gruppen zusammenfassen:

Seen: Seen sind natürliche Gewässer, die ohne Einfluss des Menschen entstanden sind und das ganze Jahr über Wasser führen. Kleinere flache, natürliche, seeähnliche Gewässer werden als Weiher bezeichnet. Manche Seen wie der Bodensee in Süddeutschland sind bis zu 100 Meter tief, der Baikalsee in Russland ist über 1 500 Meter tief. Am Ufer und im Wasser leben zahlreiche Pflanzen, die die Grundlage für zahlreiche Tiere sind. In einem See leben viele Pflanzen und Tiere. Im flachen Uferbereich eines Sees finden Kiebitze und Rotschenkel Würmer und Insekten als Nahrung.

Bodensee mit Alpen im Hintergrund

© miss mafalda, https://stock.adobe.com/de

Wälder: Je nach Umweltbedingungen (Hitze, Kälte, Niederschläge etc.) sind die verschiedenen Wälder sehr unterschiedlich. Im Klima von Mitteleuropa mit mäßig warmen Sommern und mäßig kalten Wintern sowie ausreichend Niederschlägen über das ganze Jahr hinweg findet man vor allem **Laubwälder** und **Mischwälder**. In Gebieten mit sehr kalten Wintern und einer kurzen Vegetationszeit können Laubbäume kaum überleben. Deshalb findet man in den kalten Gebieten auf der Erde (beispielsweise in den Alpen und anderen Gebirgen) vor allem **Nadelbäume**. Riesige Nadelwälder sind die borealen (nördlichen) Nadelwälder beispielsweise in Norwegen, Kanada, Alaska und Nordrussland. Typische Tiere in den nordischen Nadelwäldern sind Hirsche, Braunbären, Elche und Schneehasen.

Nadelwald

© Andrey, https://stock.adobe.com/de

Ozeane: Die Ozeane sind der größte Lebensraum der Erde. Etwa die Hälfte aller bekannten Lebewesen lebt im Ozean. Die Vielfalt der Meeresbewohner reicht von mikroskopisch kleinen Bakterien, Algen und Einzellern bis hin zum 200 Tonnen schweren Blauwal, der sich vorwiegend von Garnelen ernährt.

Korallenriff im Ozean

© Tunatura, https://stock.adobe.com/de

Erwin Graf: Ökosysteme beobachten – verstehen – schützen
© Auer Verlag

Aufgaben: Ökosysteme im Überblick

1. ★ Beschreibe kurz, was man unter einem Ökosystem versteht.

___

___

___

2. ★ Was zeigen die Bilder? Notiere: Laubwald, Korallenriff im Ozean, Nadelwald, Bodensee mit Alpen im Hintergrund.

© miss mafalda, https://stock.adobe.com/de

___

© Andrey, https://stock.adobe.com/de

___

© Inga Nielsen, https://stock.adobe.com/de

___

© Tunatura, https://stock.adobe.com/de

___

3. ★★ Kreuze die richtige Antwort an. Ein Biom …

- ☐ ist eine Gegend (Region, Gebiet), in der Lebewesen leben.
- ☐ findet man in jedem Garten.
- ☐ kann man nur mit einem Mikroskop sehen.
- ☐ ist eine Lebensgemeinschaft mit vielen Lebewesen in einem großen Gebiet.
- ☐ ist eine Lebensgemeinschaft mit wenigen Lebewesen.
- ☐ findet man in jedem kleinen Teich oder Tümpel.

4. ★★ Erläutere, weshalb es in manchen Regionen auf der Erde (z. B. in Mitteleuropa) Laub- und Mischwälder gibt und in anderen Regionen (z. B. Gebirgen) ausschließlich Nadelwälder.

___

Erwin Graf: Ökosysteme beobachten – verstehen – schützen
© Auer Verlag

Infotext: Tiere richtig benennen und verschiedenen Ökosystemen zuordnen

Auf der Erde gibt es viele unterschiedliche Pflanzen und Tiere, die in verschiedenen Ökosystemen leben. Bis heute sind etwa 500 000 Pflanzenarten und etwa zwei Millionen Tierarten bekannt.

In jedem Ökosystem leben viele Tiere. Manche Tiere leben in mehreren Ökosystemen.

Tiere im See

Lebewesen in einem See können ohne Wasser nicht leben. Sie brauchen natürlich auch Sauerstoff und Nahrung (Pflanzen und/oder Tiere). Einige Beispiele für Tiere in einem See sind: Wasserfrosch, Kaulquappe, Forelle, Muschel.

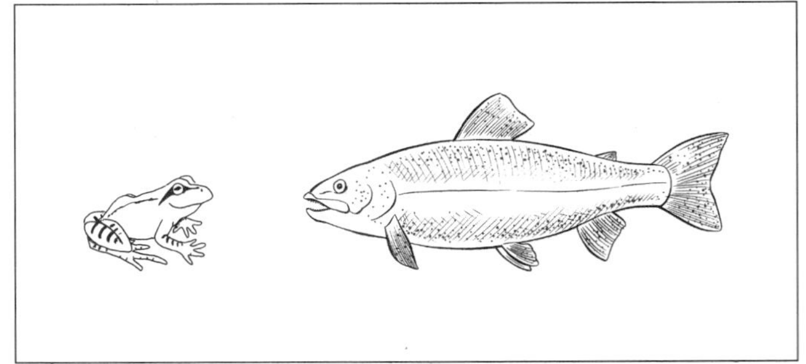

Tiere im Wald

Wälder gibt es nur dort, wo der Boden ausreichend Feuchtigkeit und Nährsalze enthält. Die Lebensgemeinschaft im Wald ist sehr zahlreich. Einige Waldtiere sind: Wildschein, Waldmaus, Reh, Buntspecht.

Tiere im Boden

Im Boden wimmelt es geradezu von Lebewesen. Da viele dieser Lebewesen sehr klein sind, sieht man sie mit dem bloßen Auge nicht. Aber auch größere Tiere leben im Boden, so z. B.: Regenwurm, Ohrwurm, Schnurfüßer, Kellerassel, Insektenlarve.

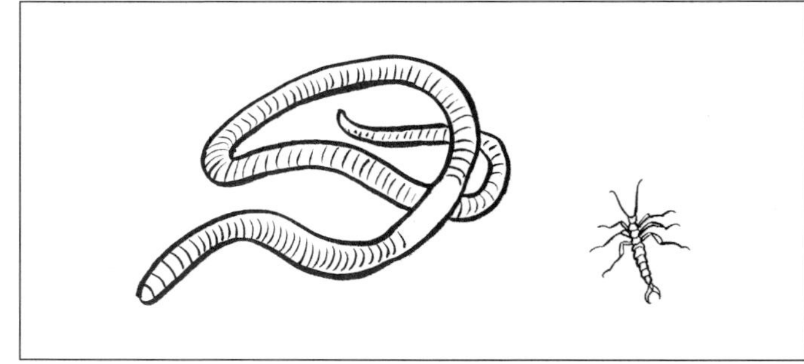

Tiere in einer Hecke

In einer Hecke, gelegentlich auch Gestrüpp genannt, gibt es viele Pflanzen und Tiere – viel mehr als man auf den ersten Blick erwartet, so z. B.: Buchfink, Kreuzotter, Schmetterling (z. B. Kleiner Fuchs), Igel.

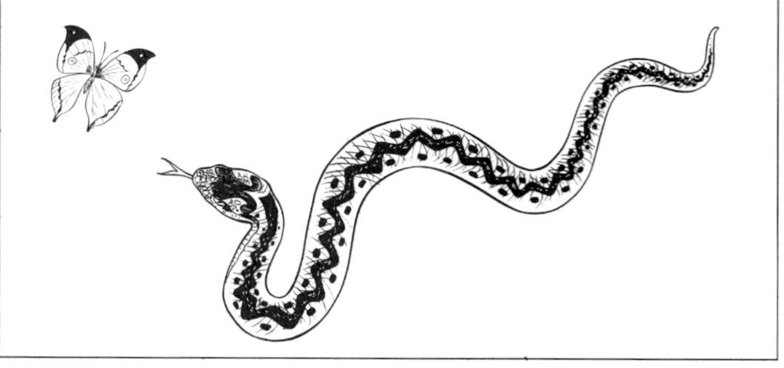

Erwin Graf: Ökosysteme beobachten – verstehen – schützen
© Auer Verlag

Aufgaben: Tiere richtig benennen und verschiedenen Ökosystemen zuordnen

1. ★ Ordne jeder Abbildung einen Tiernamen und ein Ökosystem zu. Verbinde dazu die Tiernamen und Ökosysteme mit den richtigen Abbildungen.

Specht

Schmetterling

Frosch

Wildschwein

Kreuzotter

Regenwurm

Ökosystem See

Ökosystem Wald

Ökosystem Boden

Ökosystem Hecke

2. ★★ Erläutere an zwei Beispielen, dass ein Tier nicht immer nur einem Ökosystem eindeutig zuzuordnen ist.

____

____

____

____

____

Erwin Graf: Ökosysteme beobachten – verstehen – schützen
© Auer Verlag

Lösungen: Lebensräume auf dem Schulgelände

1. ★

mögliche Lösungen: Rasen → Ameise, Spinne; Mauer → Efeu, Wilder Wein, Spinne, Fliege; Teich → Frosch, Libelle; Hecke → Maus, Meise; ...

2. ★

In jedem Lebensraum herrschen besondere Bedingungen. Entsprechend der Bedingungen können bestimmte Pflanzen und Tiere dort leben, andere dagegen nicht. Beispiel: Eine **Löwenzahnpflanze** braucht Licht, Luft, Boden etc. zum Leben. In einem Teich kann eine Löwenzahnpflanze nicht leben und überleben, während eine **Seerose** im Teich gut leben kann.

3. ★★

individuelle Lösungen

4. ★★

In Mitteleuropa sind die Lebensbedingungen im Schulgarten während eines Jahres recht unterschiedlich. Im Herbst, Winter und Frühjahr gibt es meist ausreichend Niederschläge, während die Monate im Sommer trocken sind. Auch die Temperatur im Sommer ist recht hoch, in den übrigen Jahreszeiten deutlich niedriger. Zudem ist es im Sommer viel länger hell als in den übrigen Jahreszeiten.

Lösungen: Was sind ein Biotop, eine Biozönose und ein Ökosystem?

1. ★

	Großlandschaft	Landschaft
Wüsten	✗	
Wälder	✗	
Steppen	✗	
Ozeane	✗	
Gebirge	✗	
Titisee im Schwarzwald		✗

2. ★

Den Lebensraum, der den nicht-biologischen Anteil einer Landschaft ausmacht, nennt man **Biotop**. Zum nicht-biologischen Anteil einer Landschaft gehören beispielsweise Wasser, Boden, Felsen, **Wärme**, **Luft** und **Licht**. Beispiele für **Biotope** sind Bäche, Wälder und Wiesen.
Die Lebewesen, die in einem **Biotop** oder **Lebensraum** leben, bilden zusammen eine Lebensgemeinschaft. Statt Lebensgemeinschaft sagen die Biologen in der Fachsprache **Biozönose**.
Die Lebewesen in einem Lebensraum bilden den **biologischen** Anteil eines Ökosystems.
Es ist kein **Zufall**, welche Lebewesen in einem **bestimmten** Lebensraum vorkommen. Nur wenn die **äußeren**, nicht-biologischen Bedingungen (z. B. Licht, Luft etc.) dies zulassen, können die **Lebewesen** in einem Biotop leben. Von einem **Ökosystem** spricht man, wenn man

Erwin Graf: Ökosysteme beobachten – verstehen – schützen
© Auer Verlag

den Lebensraum plus die **Lebewesen**, die in diesem Lebensraum leben, zusammenfasst: **Ökosystem** = Biotop + **Biozönose**.

3. ★★

Dieses Schild macht darauf aufmerksam, dass dieses Gebiet unter besonderem Schutz steht, da hier bestimmte Pflanzen (z. B. unter Naturschutz stehende Orchideen) und/oder Tiere (z. B. unter Naturschutz stehende Amphibien (= Lurche) oder Reptilien) leben.

Lösungen: Begrünte Hauswände, Flachdächer und Trockenmauern als Lebensräume

1. ★

- Schutz der Gebäude vor Hitze (im Sommer) und Kälteverlust (im Winter)
- Schutz der Wände und Dächer vor Hagel und Frostschäden
- Pflanzen binden Staub und andere Luftschadstoffe.

2. ★

Begrünte Hauswände und Flachdächer sind Lebensräume für ganz unterschiedliche Lebewesen. Sie bieten Pflanzen und Tieren Lebensmöglichkeiten. Tiere (z. B. Insekten, Spinnen, Vögel etc.) finden hier nicht nur Nahrung, sondern auch Verstecke, Nistmöglichkeiten und Unterschlupf.

3. ★★

MANUZI**KAMILLE**RAMENMBVXZT**KLATSCHMOHN**PFNMAOLÖVWR**EFEU**ZARMNMWF
DR**EIDECHSE**FVWE**KREUZSPINNE**ZURTMPÜOWQMRCVHCZE**FETTHENNE**MNAÖLS
KM**HUMMEL**UZERWEEZUR**MAUERRAUTE**SRSMNCNHEIMOMNAS**AMEISE**KFMNBVMM
AOENWQURRZSTUTN**SPITZWEGERICH**NBVVMNWRMUASDFJK**HAUSWURZ**MNEAI
EREV**SCHOLLKRAUT**KAMANUVUERMEMANUFAMAL**MAUERPFEFFER**JXCHEÖLDZM
AZAZALXNXCHAKJ**LÖWENZAHN**REWERTHEZMNUEXCHARMJKLÖSDGHGLÖZ

4. ★★

Um vielfältige Lebensmöglichkeiten an einer Trockenmauer zu schaffen, sollte man breite Fugen und enge Ritzen zwischen den Steinen nicht mit Beton, Zementmörtel etc. verschließen, sondern gezielt offenhalten. Je mehr unterschiedlich breite Fugen und Ritzen es gibt, desto vielfältiger kann die Pflanzen- und Tierwelt die Lücken zwischen den Steinen nutzen.

Erwin Graf: Ökosysteme beobachten – verstehen – schützen
© Auer Verlag

Lösungen: Faktoren, die die Lebensmöglichkeiten in einem Ökosystem begrenzen

1. ★

Beispiel Zimmerpflanze: Wird eine Zimmerpflanze zu wenig gegossen, so stirbt sie; kein Lebewesen kann ohne Wasser leben (Wasser ist lebenswichtig).
Beispiel Tier: Findet ein Igel von Frühjahr bis Herbst nicht genug Nahrung (Käfer etc.) und kann dementsprechend nur wenig Fett für den Winterschlaf ansetzen, so kann er im Winter verhungern.

2. ★

In der Biologie unterscheidet man **zwei** Gruppen von **Umweltbedingungen** (= Umweltfaktoren), die für ein Lebewesen **wichtig** sind: nicht-biologische (**abiotische**) Umweltfaktoren und **biologische** (biotische) Umweltfaktoren. Fehlt ein **lebenswichtiger** Umweltfaktor, so kann das Lebewesen an diesem **Ort** bzw. in diesem **Ökosystem** nicht leben. Beispiel: Der Panda, auch **Bambusbär** genannt, kommt in der **Natur** nur in **China** vor. Der Panda hat ein **dichtes** Fell, das **wasserabweisend** ist und so die **Haut** vor Nässe schützt. Das Fell ist schwarz und **weiß**. Die Beine, die kleinen spitzen **Ohren** und die Umgebung der **Augen** sind schwarz. Die **Pandas** ernähren sich von **Bambus**, d. h., die Tiere sind reine **Pflanzenfresser**. Werden die Bambuspflanzen (z. B. durch Brände) zerstört, so **verhungern** die Tiere.

3. ★★

	abiotischer Umweltfaktor	**biotischer Umweltfaktor**
Niederschlag	✗	
Nahrungskonkurrent		✗
Sauerstoff	✗	
Licht	✗	
Geschlechtspartner		✗
Bakterien als Krankheitserreger		✗
Wasser	✗	
Wildbiene als Bestäuber		✗

Erwin Graf: Ökosysteme beobachten – verstehen – schützen
© Auer Verlag

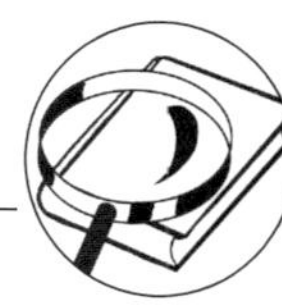

Lösungen: Ökosysteme im Überblick

1. ★

Ein Ökosystem ist ein Verbund eines Biotops (Lebensraum) und der dort lebenden Gemeinschaft von Pflanzen und Tieren (Biozönose, Lebensgemeinschaft).

2. ★

© miss mafalda, https://stock.adobe.com/de

Bodensee mit Alpen im Hintergrund

© Andrey, https://stock.adobe.com/de

Nadelwald

© Inga Nielsen, https://stock.adobe.com/de

Laubwald

© Tunatura, https://stock.adobe.com/de

Korallenriff im Ozean

3. ★★

- ☐ ist eine Gegend (Region, Gebiet), in der Lebewesen leben.
- ☐ findet man in jedem Garten.
- ☐ kann man nur mit einem Mikroskop sehen.
- ☒ ist eine Lebensgemeinschaft mit vielen Lebewesen in einem großen Gebiet.
- ☐ ist eine Lebensgemeinschaft mit wenigen Lebewesen.
- ☐ findet man in jedem kleinen Teich oder Tümpel.

4. ★★

Je nach äußeren Bedingungen (Niederschlag, Kälte, Hitze etc.) sind die Ökosysteme auf der Erde sehr unterschiedlich. In Mitteleuropa (z. B. Deutschland, Schweiz, Polen etc.) gibt es in tieferen Lagen vor allem Laub- und Mischwälder. Laubbäume brauchen viel Wasser und vertragen nur mäßigen Frost. Nadelbäume vertragen die Kälte gut und verlieren durch ihre Nadeln weniger Wasser als Laubbäume. Auch können die Nadelbäume das ganze Jahr über – auch im Winter – Fotosynthese betreiben und auf diese Weise Traubenzucker und Sauerstoff produzieren. Daher wachsen sie in nördlichen Gebirgen gut.

Erwin Graf: Ökosysteme beobachten – verstehen – schützen
© Auer Verlag

Lösungen: Tiere richtig benennen und verschiedenen Ökosystemen zuordnen

1. ★

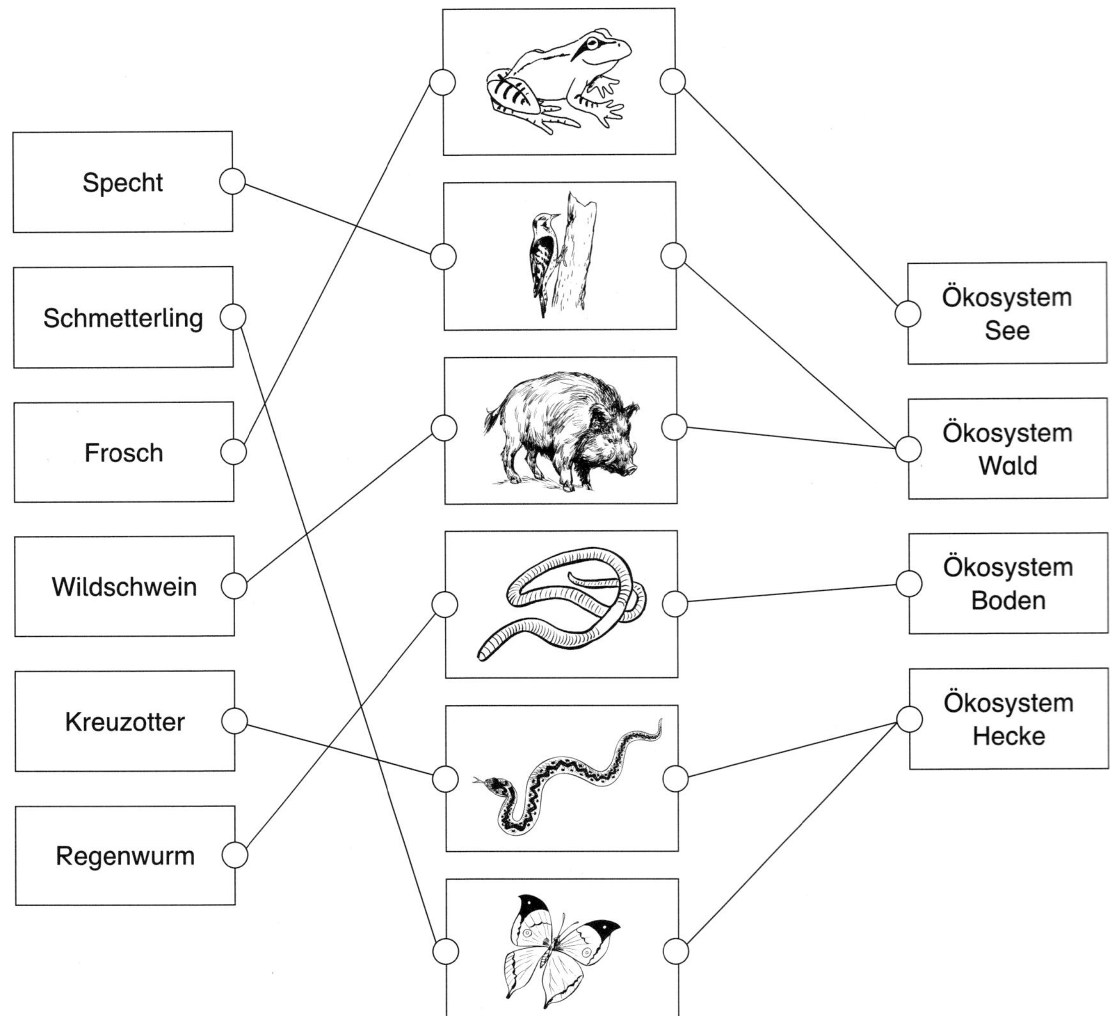

2. ★★

mögliche Lösung: Beispiel **Reh/Wildschein**: Tagsüber verstecken sich Rehe/Wildschweine überwiegend im Ökosystem Wald. Dort bringen sie meist auch ihre Jungen zur Welt. Abends, in der Nacht und morgens suchen Rehe/Wildschweine am Waldrand sowie auf Wiesen und Feldern nach Nahrung.
Beispiel **Ringelnatter**: Die Ringelnatter sucht in der warmen Jahreszeit tagsüber oft sonnige Hänge und Felsen auf, wärmt sich dort und lauert auf Beutetiere wie Mäuse und Eidechsen. Die Hauptnahrung der Ringelnatter sind allerdings Amphibien (Frösche, Molche, Kröten, Kaulquappen etc.), die sie in langsam fließenden Gewässern, Seen und Teichen findet. Die Ringelnatter kann sehr gut schwimmen. Sie überwintert gern an Waldrändern unter großen Wurzeln, im Boden, zwischen großen Steinen von Hecken oder in Komposthaufen.
Beispiel **Grasfrosch**: Die Eier des Grasfroschs (Laich) werden in stehenden oder langsam fließenden Gewässern abgelegt, wo die Kaulquappen (Larven) schlüpfen. Die Jungfrösche verlassen das Gewässer und leben dann in feuchten Wäldern, wo sie in Erdlöchern, unter Wurzeln oder zwischen großen Steinen geschützt überwintern (Winterstarre).

Erwin Graf: Ökosysteme beobachten – verstehen – schützen
© Auer Verlag

Infotext: Wälder auf der Erde

Oberfläche der Erde

Die Gesamtoberfläche der Erde (Land- und Wasserfläche) beträgt etwa 510 000 000 km². Davon sind nur etwa 150 000 000 km² von Land bedeckt (ca. 29 % der Erdoberfläche), beim Rest handelt es sich um Wasserflächen (Ozeane, Seen, Flüsse etc.). Aufgrund der großen Ozeane sieht man aus Weltraumperspektive von der Erde vor allem die Flächen der Ozeane, die blau (in der Abbildung rechts grau) erscheinen.

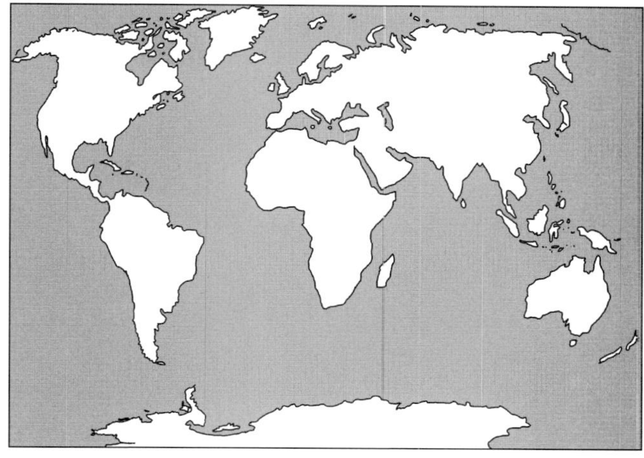

Land- und Wasserflächen der Erde

Wälder auf der Erde

Fast ein Drittel (ca. 31 %) der weltweiten Landfläche (Festland, Inseln) ist von Wald bedeckt. In den fünf besonders waldreichen Ländern Kanada, USA, Brasilien, Russland und China sind über die Hälfte der Waldfläche auf der Erde zu finden. Rund ein Drittel der Wälder sind **Urwälder**, die praktisch ohne menschlichen Einfluss gewachsen und weitgehend ursprünglich geblieben sind. Von Norden bis zum Äquator findet man folgende **Waldzonen (Waldgürtel)**:

Nadelwald

Boreale (nördliche) Nadelwälder finden sich auf einem Streifen hoch im Norden von Alaska und Nordkanada über Nordskandinavien bis nach Nordsibirien (Russland). Typische Säugetiere in den großen Nadelwäldern sind: Braun- und Schwarzbären, Elche, Schneeleoparden, sibirische Tiger und Luchse. Die borealen Nadelwälder, auch Taiga genannt, bedecken ca. 10 % der Landfläche.

© Inga Nielsen, https://stock.adobe.com/de

Laubwald

Sommergrüne Laub- und Mischwälder sind in den gemäßigten Breiten (beispielsweise bei uns in Mitteleuropa) beheimatet.

Hartlaubwälder mit Sträuchern und Bäumen, die harte Blätter haben wie beispielsweise Korkeichen, Olivenbäume etc., findet man am Mittelmeer (z. B. in Südfrankreich, Süditalien und Griechenland).

© andreiko, https://stock.adobe.com/de

Hartlaubwald

Tropische immergrüne Regenwälder mit zahllosen Pflanzen- und Tierarten, die größtenteils noch gar nicht bekannt und erforscht sind, bedecken (wie die nördlichen Nadelwälder) ca. 10 % der Landfläche auf der Erde. Die tropischen Regenwälder sind nicht nur Lebensraum für viele Pflanzen und Tiere und zahlreiche Ureinwohner, sondern auch eine wichtige Rohstoffquelle (Holz, Erze, Diamanten etc.) und sie stabilisieren das Klima auf der Erde. Deshalb sind Regenwälder von großer Bedeutung.

© Simon, https://stock.adobe.com/de

tropischer immergrüner Regenwald

Erwin Graf: Ökosysteme beobachten – verstehen – schützen
© Auer Verlag

Aufgaben: Wälder auf der Erde

1. ★ Das Kreisdiagramm zeigt das Verhältnis von Landfläche und Wasserfläche auf der Erde. Beschrifte das Kreisdiagramm und setze die Begriffe „Landfläche (Festland und Inseln)" und „Wasserfläche" an die richtigen Stellen.

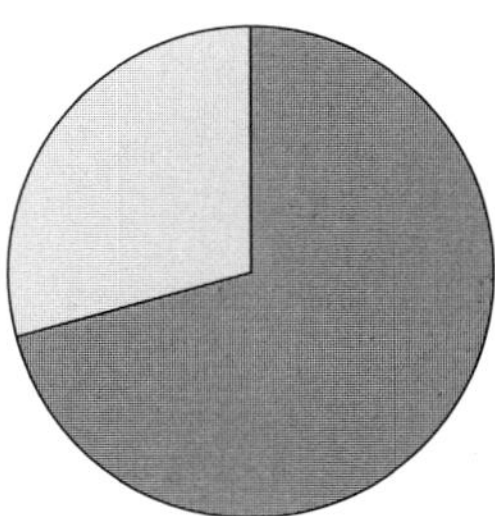

2. ★ Über die Hälfte des weltweiten Waldbestandes findet man in nur fünf Ländern. Kreuze die fünf waldreichsten Länder an.

☐ Deutschland	☐ Norwegen	☐ Indien
☐ Brasilien	☐ Russland	☐ Kanada
☐ China	☐ Schweiz	☐ USA
☐ Österreich	☐ Schweden	☐ Mexiko

3. ★★ Die gesamte Erdoberfläche (Landfläche + Wasserfläche) beträgt etwa 510 000 000 km².
   a) Berechne die Landfläche, die etwa 29 % der Erdoberfläche ausmacht.
   Ergebnis: Die Landfläche auf der Erde beträgt etwa ________________ km².
   b) Etwa ein Drittel der Landfläche ist bewaldet. Berechne die bewaldete Fläche auf der Erde.
   Ergebnis: Die bewaldete Fläche auf der Erde beträgt etwa ________________ km².

4. ★★ Tropische Regenwälder sind Laubwälder und sehr artenreiche Ökosysteme. Sie bedecken etwa 10 % der Landfläche auf der Erde. Berechne die Fläche der tropischen Regenwälder auf der Erde.

   Ergebnis: Die Fläche der tropischen Regenwälder beträgt etwa ________________ km².

   Zum Vergleich: Die Fläche Deutschlands beträgt ca. 360 000 km², d. h., Deutschland könnte man etwa ____________-mal auf dieser Fläche unterbringen.

5. ★★ Die borealen Nadelwälder, auch Taiga genannt, sind die nördlichste Waldform auf der Erde. Sie bedecken wie die tropischen Regenwälder etwa 10 % der Landfläche. Wo auf der Erde findet man boreale Nadelwälder und welche typischen Säugetiere leben dort?

____

____

____

____

Erwin Graf: Ökosysteme beobachten – verstehen – schützen
© Auer Verlag

Infotext: Waldformen und heimische Nadelbäume (1)

Waldformen

Sieht man sich die zahlreichen Wälder auf der Erde etwas genauer an und lenkt den Blick vorwiegend auf die dort vorkommenden Bäume, so lassen sich folgende Waldformen unterscheiden:

1. Nadelwälder: In einem Nadelwald findet man praktisch fast nur Nadelbäume. Der Boden in einem Nadelwald ist oft dicht von Moosen bedeckt. Pflanzen, die viel Licht brauchen, können in einem meist düster-dunklen Nadelwald gar nicht oder nur schlecht wachsen.

2. Laubwälder: In Laubwäldern kommen vorwiegend Laubbäume vor. Typisch für Laubbäume (z. B. Buche, Eiche, Ahorn) sind die recht großen Blätter, die im Herbst bunt werden und dann abgeworfen werden.

3. Mischwälder: Die meisten Wälder in Mitteleuropa sind Mischwälder. Hier findet man Nadelbäume und Laubbäume nebeneinander.

Die häufigsten Nadelbäume in Deutschland

1. Fichte (auch Rottanne genannt): Die Fichte ist der häufigste immergrüne Nadelbaum in Mitteleuropa. Der älteste bekannte Baum auf der Erde ist eine Fichte in Schweden, die etwa 10 000 Jahre alt ist. Fichten sind relativ anspruchslose Nadelbäume, wachsen schnell und können bis zu 50 Meter hoch werden. Die Fichte hat flache Wurzeln und entwurzelt bei Stürmen recht schnell. Typisch für diesen Baum sind harte, stechende (spitze) Nadeln, die rund um ein Ästchen angewachsen sind, und hängende Zapfen, die als Ganzes abfallen.

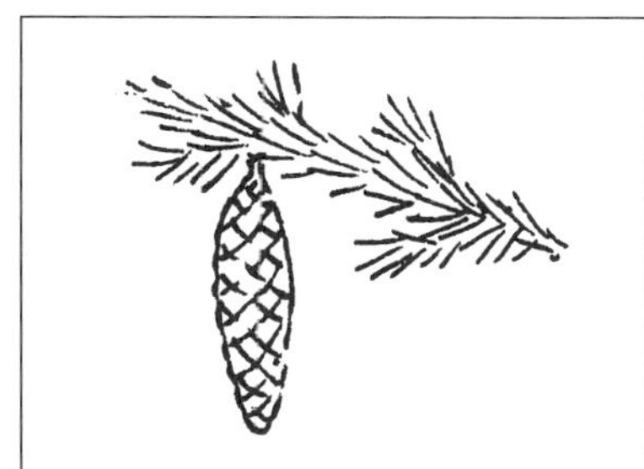

2. Tanne: Fichte und Tanne werden leicht miteinander verwechselt, weil sie recht ähnlich aussehen. An folgenden Merkmalen kann man immergrüne Tannen gut erkennen: flache, weiche Nadeln mit stumpfem Ende, die in zwei Reihen auf beiden Seiten eines Triebes abstehen; die Nadeln haben an der Unterseite zwei weiße Wachsstreifen; stehende Zapfen; die Zapfen fallen nicht als Ganzes ab. Im Gegensatz zu den Fichten haben Tannen tiefe Wurzeln. Deshalb bricht bei starken Stürmen meist der Stamm der Tanne ab, bevor die Tanne entwurzelt wird.

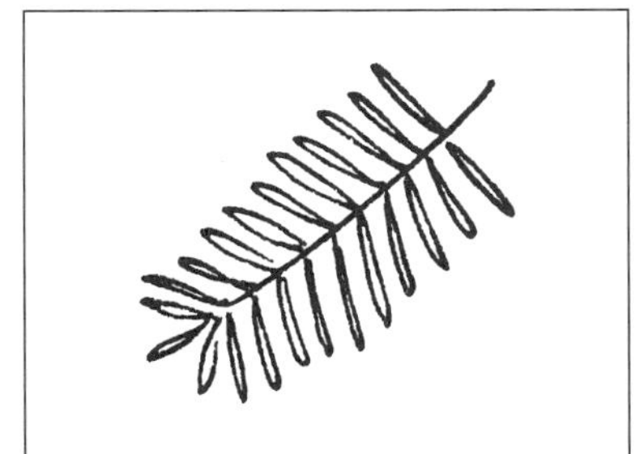

Erwin Graf: Ökosysteme beobachten – verstehen – schützen
© Auer Verlag

Infotext: Waldformen und heimische Nadelbäume (2)

3. Kiefer (Föhre, Forche): Die Kiefer ist ein genügsamer, immergrüner Nadelbaum mit lockerer Krone. Kiefern wachsen auch auf nährstoffarmen, trockenen Sandböden. Mit ihrer tiefen Pfahlwurzel und den weit verzweigten Seitenwurzeln kann sich die Kiefer auch in trockenen Gegenden oder bei lang andauernder Trockenheit gut mit Wasser und Nährsalzen aus tiefen Bodenschichten versorgen. An den folgenden Merkmalen kann man eine Kiefer leicht erkennen: aufgelockerte Baumkrone; dicke raue Borke; lange, dünne, blaugrüne Nadeln; immer zwei Nadeln stehen paarweise zusammen; die Nadeln bleiben bis zu 30 Jahre am Baum; längliche, fast faustgroße braungraue Zapfen, die sich bei Trockenheit öffnen und die Samen freisetzen.

4. Eibe: Die Eibe ist ein immergrüner Nadelbaum, der unter Naturschutz steht. Eiben wachsen sehr langsam und gedeihen auch, wenn sie von anderen Bäumen beschattet werden („Schattenholz"). Eiben können mehrere tausend Jahre alt werden. Das harte und zugleich elastische Holz der Eibe („Ebenholz") wurde früher zur Herstellung von Armbrüsten und Bogen verwendet. Mit Ausnahme des roten Fruchtmantels, der den Samen umgibt, sind alle Teile der Eibe giftig. Typisch für Eiben sind: dunkelgrüne, flache, weiche, spitz zulaufende Nadeln; die Oberseite der Nadeln ist dunkelgrün, die Unterseite der Nadeln ist heller mit zwei hellen Streifen; die Nadeln sind zweireihig am Zweig angeordnet; an den Zweigen gibt es viele Nadeln.

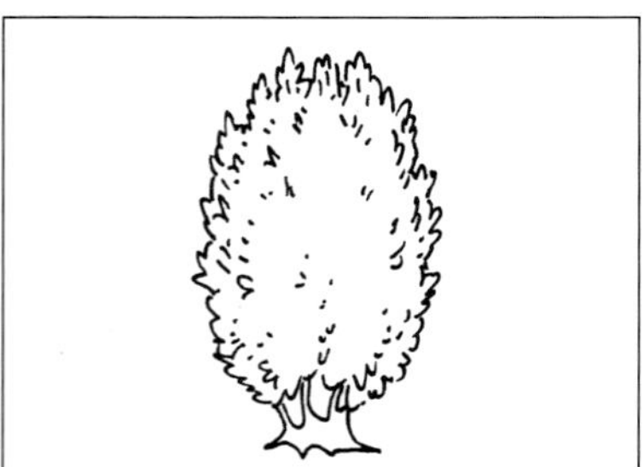
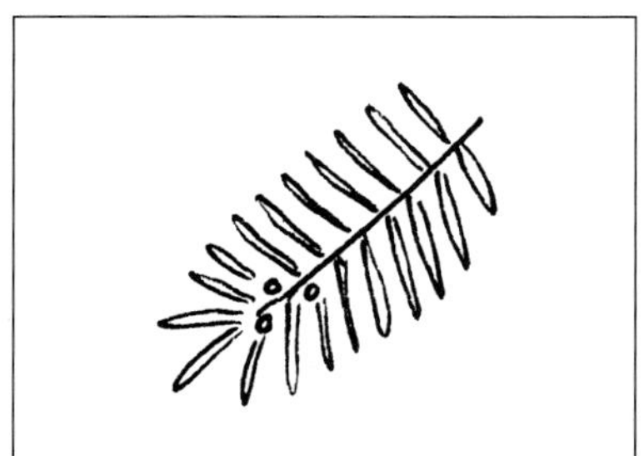
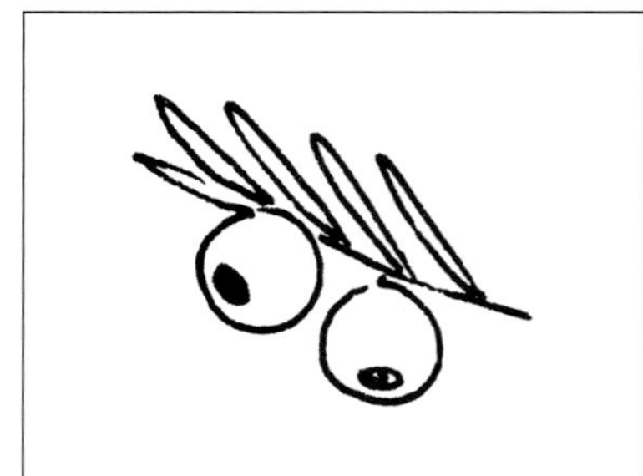

5. Lärche: Die Lärche ist der einzige sommergrüne heimische Baum in Deutschland, der im Spätherbst seine gelb gewordenen zarten Nadeln abwirft. Typisch für die Lärche sind ihre büschelförmig angeordneten weichen Nadeln, die an Kurztrieben wachsen. Die kleinen Zapfen der Lärche, die die Samen enthalten, fallen im Herbst ab.

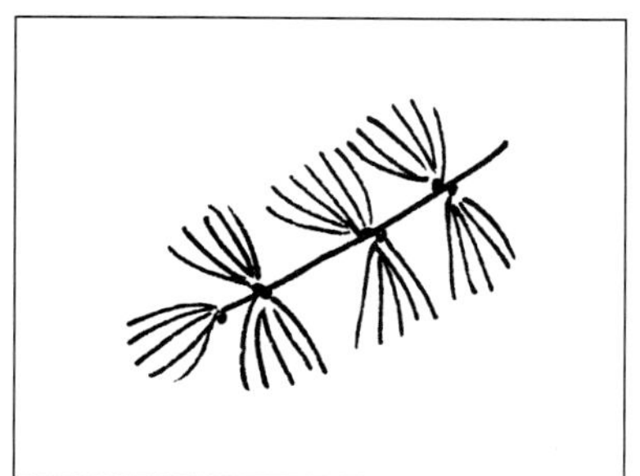

Erwin Graf: Ökosysteme beobachten – verstehen – schützen
© Auer Verlag

Aufgaben: Waldformen und heimische Nadelbäume (1)

1. ★ **a)** Benenne die fünf Nadelbäume in der Tabelle. Notiere dazu die Namen der Bäume in der ersten Spalte.

   b) Vervollständige die restlichen Spalten der Tabelle. Schneide dazu die Abbildungen auf der zweiten Seite unten aus und klebe sie an der richtigen Stelle in die Tabelle.

Name des Nadelbaumes	Baumform	Nadeln	Zapfen	Besonderes
				lange Nadeln; je zwei Nadeln stehen eng beieinander
				sommergrüner Nadelbaum; verliert im Spätherbst die kurzen, weichen Nadeln; kleine, taubeneigroße Zapfen
				kann bei Sturm leicht entwurzelt werden, da die Wurzeln nur flach im Boden verankert sind; Nadeln sind stachelig
			keine Zapfen	steht unter Naturschutz; ist giftig
				tiefe Wurzeln; bei starkem Sturm bricht der Stamm eher ab, bevor der Baum als Ganzes entwurzelt wird

Erwin Graf: Ökosysteme beobachten – verstehen – schützen
© Auer Verlag

Aufgaben: Waldformen und heimische Nadelbäume (2)

2. ★★ Kreuze an, ob die folgenden Aussagen richtig oder falsch sind. Korrigiere falsche Aussagen in der rechten Spalte.

Aussage	richtig	falsch	Korrektur
a) Die Lärche ist ein Vogel.			
b) Kiefern haben lange, spitze Nadeln.			
c) Alle Teile der Tanne sind giftig, bis auf den roten Fruchtmantel.			
d) Alle Nadelbäume werfen im Herbst ihre Nadeln ab.			
e) Die Zapfen von Fichten, Lärchen und Kiefern fallen im Herbst als Ganzes ab.			
f) Eiben haben keine Zapfen. Die Samen befinden sich in einem roten Fruchtmantel, der ungiftig ist.			

Erwin Graf: Ökosysteme beobachten – verstehen – schützen
© Auer Verlag

Infotext: Heimische Laubbäume (1)

Bäume

Bäume kann man auf den ersten Blick von Kräutern und Sträuchern unterscheiden, denn Bäume haben Wurzeln, einen Stamm und eine Baumkrone. Bäume können mehrere hundert oder sogar tausend Jahre alt werden. Bis ans Lebensende wachsen Bäume immer weiter nach oben und ihr Stamm wird von Jahr zu Jahr dicker.

Laubbäume haben flache Blätter, in denen Fotosynthese stattfindet. Nadelbäume haben ebenfalls Blätter, in denen Fotosynthese stattfindet: die Nadeln. Sie heißen so, weil sie „nadelartig“ aussehen. Die häufigsten Laubbäume, die wir in unseren Wäldern finden, sind Buchen (Rotbuchen), Eichen, Eschen und Birken.

Die häufigsten Laubbäume in Deutschland

1. Buche (Rotbuche): Die Buche war der Baum des Jahres 2022. Sie wird auch Rotbuche genannt. Der Name Rotbuche kommt nicht von der Blattfarbe, sondern vom Holz der Buche: Das Kernholz (inneres Holz) in einem Buchenstamm ist rötlich.

Am Waldrand reichen die Äste einer Buche fast bis zum Boden. Im Waldinneren ist der untere Teil des Stammes meist frei von Ästen, weil sie zu wenig Licht erhalten und absterben. Buchen erkennt man leicht an ihrem grauen, glatten Stamm. Die Rinde der Buchenäste ist meist bräunlich. Die intensiv grünen Blätter der Buche sind am Rand leicht gewellt und glänzen an der Oberfläche. Die Früchte der Buche sind die Bucheckern. Buchen bieten zahlreichen Tieren wie Ameisen, Käfern, Schmetterlingen und Vögeln einen Lebensraum.

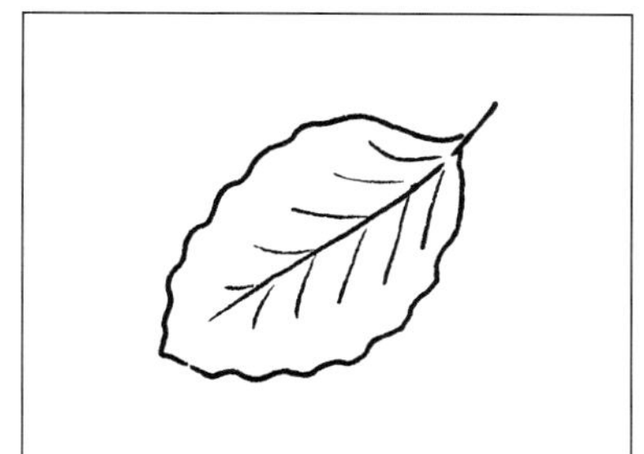

2. Eiche: Eichen sind sommergrüne Bäume und können bis zu tausend Jahre alt werden. Der Stamm einer alten Eiche ist sehr dick, ihre Rinde ist dunkel und rissig. Die dicke Rinde schützt den Stamm vor Wasserverlust und bei starkem Temperaturwechsel. Im Gegensatz zur Buche kann eine Eiche längere Beschattung nicht ertragen. Die Eiche ist eine Lichtholzart, während die Buche Beschattung durch andere Bäume gut erträgt und deshalb eine Schattenholzart ist. Auf einer Eiche leben zahlreiche Tiere wie Spinnen, Insekten, Vögel und Säugetiere wie Eichhörnchen, Eichelhäher, Baummarder etc. Die Früchte der bei uns heimischen Eichenarten (Stieleiche, Traubeneiche, Roteiche etc.) sind nährstoffreiche Eicheln, die von vielen Tieren wie Waldmäusen, Eichhörnchen, Eichelhähern und Wildschweinen gern verzehrt werden.

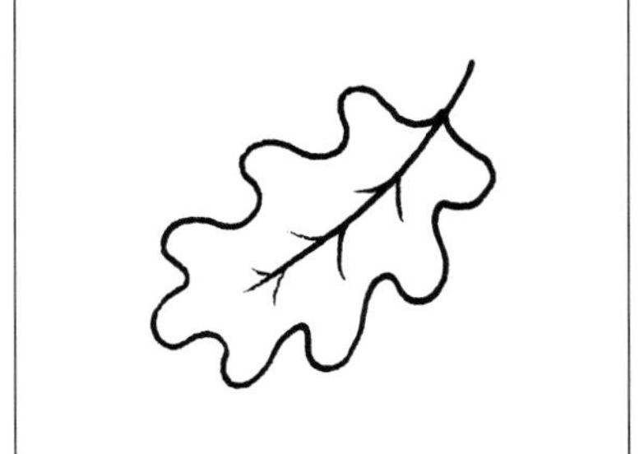

Erwin Graf: Ökosysteme beobachten – verstehen – schützen
© Auer Verlag

Infotext: Heimische Laubbäume (2)

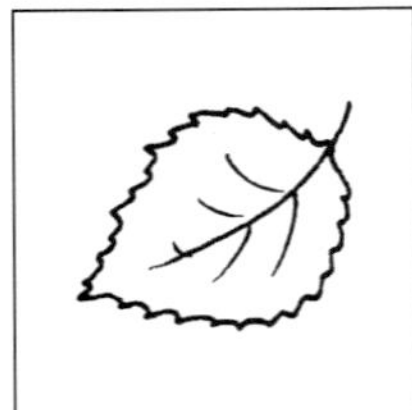

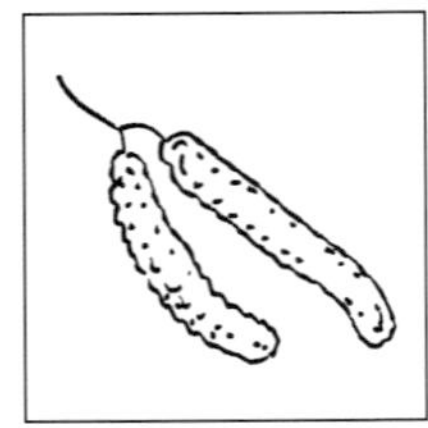

3. Birke: Die Weißbirke, oft einfach Birke genannt, ist einer unserer schönsten Bäume. Deshalb findet man Birken nicht nur im Wald, sondern als Zierbäume in vielen Gärten und Parks. Birken erkennt man leicht an ihrem schlanken Stamm mit weißer Borke, der äußersten Rindenschicht. Bei älteren Bäumen ist die Rinde meist aufgerissen und deshalb sehr rau, sodass der Stamm weiß-dunkel gefleckt ist. Das helle Holz der Birke wird für Parkett, Möbel sowie als Feuerholz (Kaminholz) sehr geschätzt.

Die Krone der Birke ist recht locker belaubt, sodass viel Licht auf den Boden unter dem Baum fällt. Auch in unseren Wäldern findet man Birken. Da sie zum Wachsen viel Licht benötigen, bezeichnet man Birken als Lichtholzart. Man findet sie hauptsächlich am Waldrand oder auf Waldlichtungen. Die Blätter der Birke sind rautenförmig und kleiner als die Blätter von Kastanien, Buchen oder Eichen. Der Blattrand ist bei den Birken doppelt gesägt, d. h., die großen Blattzähne tragen noch kleinere Zähnchen.

Im Mai erscheinen die zarten Blättchen an der Birke. Mit den Blättern entwickeln sich auch die Blüten, die zu Staubkätzchen (= Ansammlung männlicher Blüten) und Stempelkätzchen (= Ansammlung weiblicher Blüten) vereinigt sind. Die Bestäubung und die Verbreitung der kleinen Früchte erfolgen durch den Wind. Im Herbst färben sich die Birkenblätter gelb und fallen schließlich ab.

Auf einer Birke leben viele Insekten und Spinnen, die zahlreichen Vögeln als Nahrung dienen.

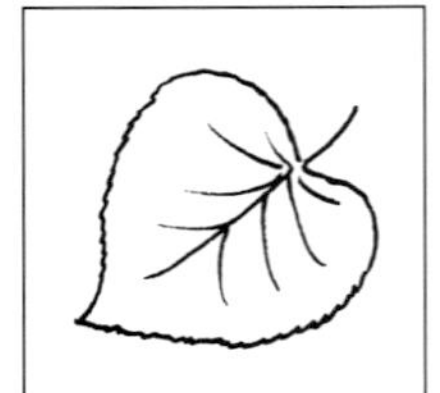

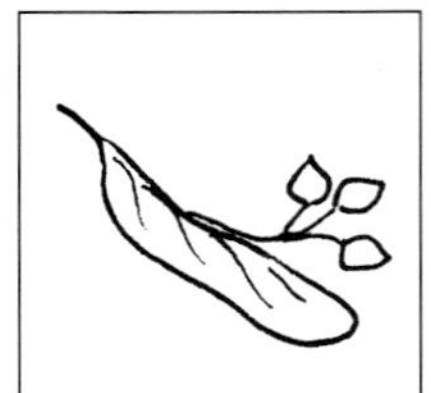

4. Linde: Die Sommerlinde, oft einfach Linde genannt, kann über 1 000 Jahre alt werden. Der Stamm einer alten Linde ist rau, da die Borke sehr rissig ist. Die Krone alter Linden ist sehr groß und dicht, wobei die Äste fast bis zum Boden reichen. Da Linden viel Schatten vertragen und auch im Schatten anderer Bäume gut wachsen, bezeichnet man Linden als Schattenholzart.

Lindenblätter sind recht groß. Der Blattrand eines Lindenblattes ist gesägt. Die beiden Blatthälften haben verschiedene Größen, weshalb Lindenblätter asymmetrisch sind. Blattoberseite und Blattunterseite sind von vielen kleinen weichen Härchen bedeckt. Zwischen den Härchen leben kleine Milben und Insekten, die sich von den Blättern ernähren. Viele Spinnen und Vögel ernähren sich wiederum von diesen kleinen wirbellosen Tieren.

Vom aromatischen Duft des Nektars der Lindenblüten werden zahlreiche Insekten angelockt, insbesondere Wild- und Honigbienen. Bei ihren Blütenbesuchen bestäuben die Insekten die Lindenblüten.

Im Herbst segeln die Früchte der Linde langsam auf den Boden, wobei sie sich drehen und vom Wind leicht fortgeweht werden können.

Das weiße weiche Lindenholz wird von Holzschnitzern sehr geschätzt. Aus dünnen Ästen stellt man Zeichenkohle her.

Hinweis zum Aufgabenblatt: Damit die Domino-Kärtchen stabil sind und möglichst wenig verknicken, kann die Vorlage vor dem Ausschneiden auf dickes Papier kopiert werden. Alternativ kann die Vorlage auf Zeichenkarton geklebt werden, bevor die Domino-Kärtchen ausgeschnitten werden.

Erwin Graf: Ökosysteme beobachten – verstehen – schützen
© Auer Verlag

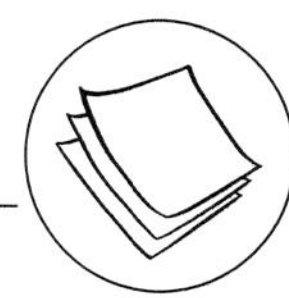

Aufgaben: Heimische Laubbäume

1. ★ **a)** Lies die Textbausteine zu den einzelnen Laubbäumen genau durch und sieh dir die Abbildungen zu jedem Baum genau an.

   b) Schneide die Domino-Kärtchen unten sorgfältig aus. Beachte dabei den Hinweis unter dem Infotext.

   c) Präge dir zu jedem Baum die zugehörigen Abbildungen ein.

   d) Spiele mit den Kärtchen Domino. Mische dafür die Domino-Kärtchen und lege sie anschließend so aneinander, dass die Abbildung des Baumes auf einem Kärtchen rechts zum Namen des Baumes auf einem zweiten Kärtchen links passt.

2. ★★ Entwirf am Computer ein „gemischtes Domino" zum Thema Nadel- und Laubbäume. Orientiere dich dabei am Dominospiel für die Laubbäume.

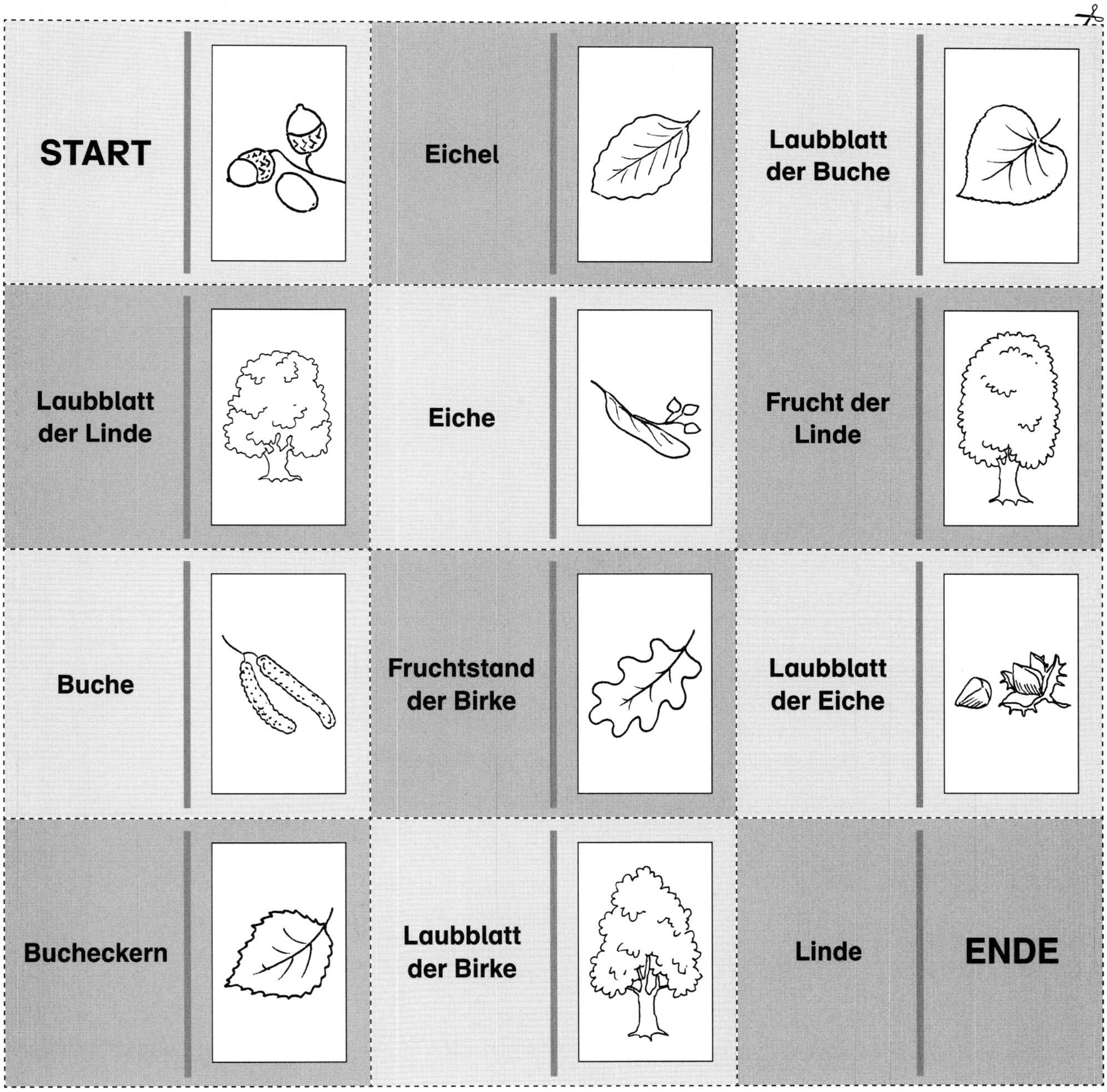

START	**Eichel**	**Laubblatt der Buche**
Laubblatt der Linde	**Eiche**	**Frucht der Linde**
Buche	**Fruchtstand der Birke**	**Laubblatt der Eiche**
Bucheckern	**Laubblatt der Birke**	**Linde** / **ENDE**

Erwin Graf: Ökosysteme beobachten – verstehen – schützen
© Auer Verlag

Infotext: Eine Buche als Lebensraum

Buche

Die Buche – ein Sauerstoffspender

Buchen sind Laubbäume. Eine Buche kann mehrere hundert Jahre alt werden. Durch ihre Fotosyntheseleistung (ca. 1,8 Kilogramm Sauerstoff pro Stunde) kann sie etwa 50 Menschen mit lebenswichtigem **Sauerstoff** versorgen. In Europa gibt es mehrere Buchenarten. Die beiden häufigsten Buchenarten bei uns in Mitteleuropa sind **Hainbuchen** und **Rotbuchen**. Beide Buchenarten findet man vor allem in Wäldern und Parks, seltener einzelstehend im freien Gelände auf Wiesen und Feldern. Sieht man eine Buche aus größerer Entfernung, so kann man eine Rotbuche und eine Hainbuche kaum voneinander unterscheiden.

Unterscheidung von Hainbuche und Rotbuche

Sieht man sich die Blätter von Hainbuchen und Rotbuchen genauer an, so fällt ein wesentlicher Unterschied sofort auf: Die Blätter von **Hainbuchen** sind leicht gefaltet und haben einen gesägten Blattrand. Die Blätter von **Rotbuchen** sind an der Oberfläche glatt, leicht glänzend und haben einen leicht welligen Blattrand. Bei Hainbuchen ist das Holz im Inneren des Baumstammes hell. Der Name **Rotbuche** kommt daher, weil das Holz dieser Buchenart im Inneren des Baumstammes leicht rötlich ist. Da die Rotbuche die häufigste Buchenart bei uns ist, werden Rotbuchen einfach „Buchen“ genannt.

Buchen als Lebensraum für viele Tiere

Auf einer Buche finden viele verschiedene Tiere Nahrung, Schutz, Nist- und Sitzmöglichkeiten. Der amselgroße Buntspecht (schwarz-weiße Flügel, heller Bauch, rote Federn unter dem Schwanz) und der etwas größere, taubengroße Grünspecht (grüne Flügeloberseiten und grüner Rücken, Bauch ist hell) finden auf einer Buche viele Insekten als Nahrung und nutzen Buchen für den Höhlenbau.

In abgestorbenen Ästen der Buche finden bedrohte Wildbienenarten wie die Blaue Holzbiene (dicht blau-schwarz behaart) geeignete Unterschlupf- und Nistmöglichkeiten.

Vögel wie der Kuckuck, die Kohlmeise und die etwas kleinere Blaumeise finden an einer Buche kleine Insekten, Insektenlarven und Spinnen als Nahrung sowie Nistmöglichkeiten.

Auch Waldameisen finden an Buchen reichlich Nahrung wie Insektenlarven und kleine Spinnen.

Die zarten Triebe und Blätter der Buche werden gern von Rehen und Eichhörnchen gefressen. Eichhörnchen, Eichelhäher und Wildschweine schätzen die Früchte der Buche, die Bucheckern, als Nahrung.

Die Blätter der Buche werden von Blattläusen besiedelt. Die Blattläuse „zapfen“ die Leitungsbahnen in den Buchenblättern an und nutzen die dort transportierten Stoffe (Traubenzucker, Wasser, Nährsalze etc.) als Nahrung.

Auch von verschiedenen Insektenlarven werden die Buchenblätter als Nahrungsquelle genutzt.

Eulenarten wie der kleine Waldkauz, Schleiereulen und der große Uhu nutzen Buchen als Rast- und Ruheplätze. Von hier aus erspähen sie Beutetiere wie Mäuse, kleine Vögel, junge Hasen, Amphibien und Reptilien.

Die am und im Boden lebende Waldmaus legt ihren Bau zwischen den Wurzeln der Buche an und bringt hier ihre Jungen zur Welt. Die nachtaktive Waldmaus ernährt sich vor allem von Insekten und den Früchten der Buche (Bucheckern), frisst aber auch gern zarte Knospen und junge Triebe.

Erwin Graf: Ökosysteme beobachten – verstehen – schützen
© Auer Verlag

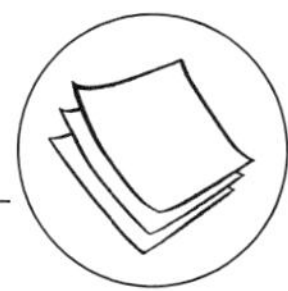

Aufgaben: Eine Buche als Lebensraum (1)

1. ★ Eine Buche wird von verschiedenen Tieren als Lebensraum genutzt. Notiere die Namen der Tiere, die um die Buche herum abgebildet sind, in den Kästchen darunter. Die Kohlmeise ist bereits vorgegeben. Folgende Tiere findest du noch auf dieser Seite: Ameise, Biene, Specht, Eichhörnchen, Reh, Kuckuck, Eule, Waldmaus, Wildschwein, Blattlaus.

Kohlmeise

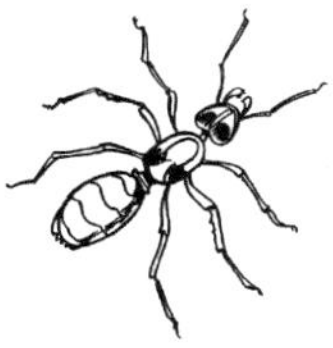

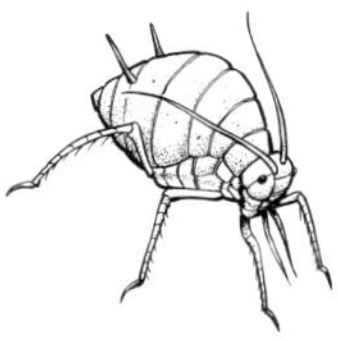

Erwin Graf: Ökosysteme beobachten – verstehen – schützen
© Auer Verlag

Aufgaben: Eine Buche als Lebensraum (2)

2. ★ Notiere die Buchenarten, die bei uns in Mitteleuropa am häufigsten vorkommen.

① ______________________

② ______________________ (oft einfach Buche genannt)

3. ★ Beschreibe, wie man die beiden Buchenarten von Aufgabe 2 anhand ihrer Blätter voneinander unterscheiden kann.

____

____

____

4. ★★ Eine Buche wird von verschiedenen Tieren ganz unterschiedlich genutzt. Manche Tiere nutzen die Buche als Nahrungsquelle, andere als Versteck, Unterschlupf sowie Nistplatz und wieder andere als Aussichts- und Beobachtungsplatz. Ordne den Tieren von Aufgabe 1 zu, wie sie die Buche für sich nutzen, und notiere den Namen der Tiere hinter der entsprechenden Nutzungsart.

Nahrungsquelle (Blätter, Früchte etc.): ______________________

____

____

Versteck, Unterschlupf, Nistplatz: ______________________

____

____

Aussichts- und Beobachtungsplatz: ______________________

____

____

5. ★★ Eine 100 Jahre alte Buche versorgt etwa 50 Menschen mit Sauerstoff. Erläutere die Zusammenhänge.

____

____

____

____

____

____

Erwin Graf: Ökosysteme beobachten – verstehen – schützen
© Auer Verlag

Infotext: Nahrungsbeziehungen an einer Buche

Nahrungsbeziehungen

Vögel, Säugetiere, Spinnen und Insekten finden auf einer Buche nicht nur Nahrung, sondern teilweise auch Verstecke, Unterschlupf und Nistmöglichkeiten sowie gute Aussichts- und Beobachtungsorte. Manche dieser Tiere leben direkt von der Buche, während andere von Tieren leben, die sie auf einer Buche finden. Diese Zusammenhänge zwischen Lebewesen nennt man Nahrungsbeziehungen. Um die vielfältigen Nahrungsbeziehungen zwischen Lebewesen übersichtlich darstellen zu können, wählt man häufig als Modelle zwei einfache Darstellungsformen.

Nahrungsketten und Nahrungsnetze

1. Nahrungsketten: Nahrungsketten sind linear aufgebaut. Anhand einer Nahrungskette kann man leicht erkennen, welches Tier sich von welcher Pflanze bzw. welchem Tier ernährt. Am Anfang einer Nahrungskette stehen oft Pflanzen, denn nur sie können mithilfe des Sonnenlichts über Fotosynthese energiereichen Traubenzucker aus energiearmen anorganischen Stoffen (Wasser, Kohlenstoffdioxid) aufbauen.

Wird ein Regenwurm von einer Amsel gefressen und die Amsel anschließend von einem Bussard erbeutet, so kann man dies wie folgt beschreiben:

Ein Regenwurm wird gefressen von einer Amsel; die Amsel wird gefressen von einem Bussard.

Statt „wird gefressen von" kann man einfach einen Pfeil zeichnen, die Nahrungskette ist dann leichter zu überblicken: Regenwurm → Amsel → Bussard.

Weitere Beispiele für Nahrungsketten:

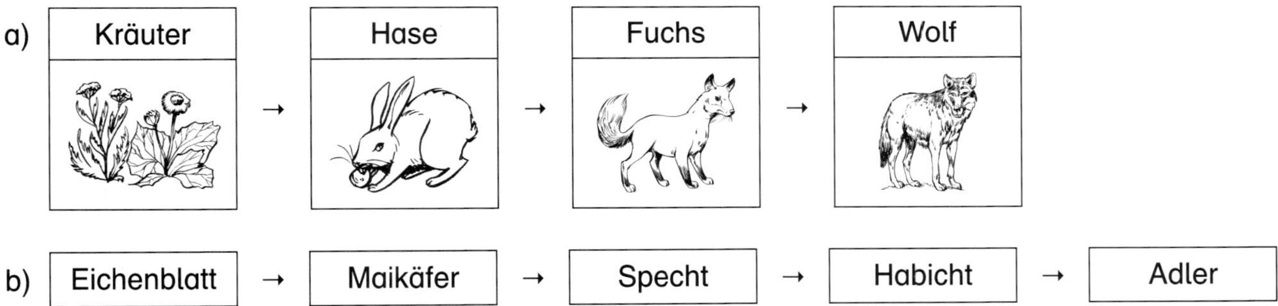

2. Nahrungsnetze: Nahrungsnetze lassen sich als miteinander „vernetzte Nahrungsketten" beschreiben. Wie der Name sagt, sind Nahrungsnetze vernetzt aufgebaut.

Beispiel für ein Nahrungsnetz im Wald:

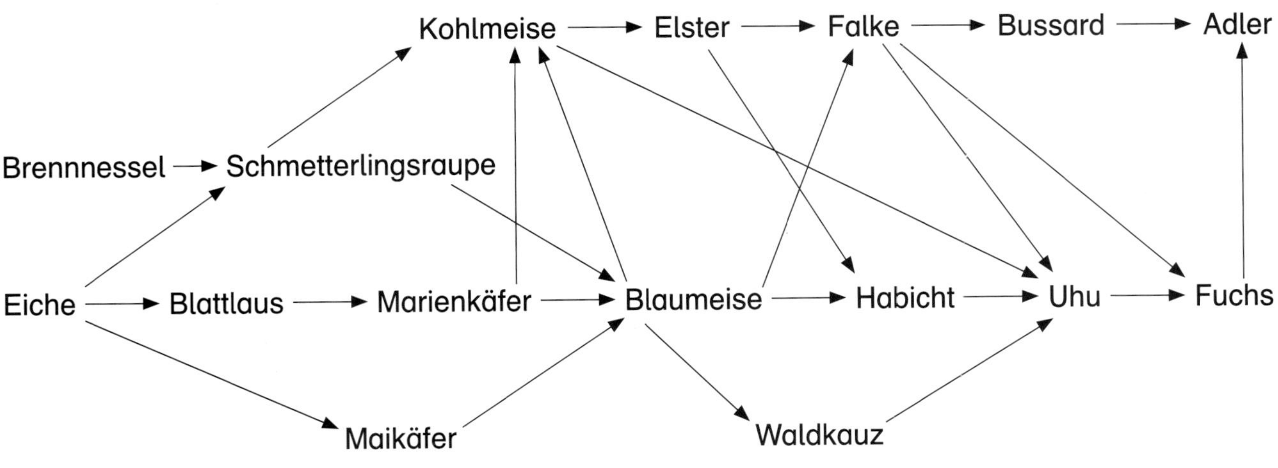

Erwin Graf: Ökosysteme beobachten – verstehen – schützen
© Auer Verlag

Aufgaben: Nahrungsbeziehungen an einer Buche

1. ★ Um einfache Nahrungsbeziehungen zwischen Lebewesen zu beschreiben, nutzt man Pfeile. Was bedeutet der Pfeil?

   Der Pfeil in einer Nahrungskette bedeutet ____________________

2. ★ Vervollständige die folgende Nahrungskette und zeichne dazu Pfeile ein.

Buchenblatt	Schmetterlingslarve	Specht
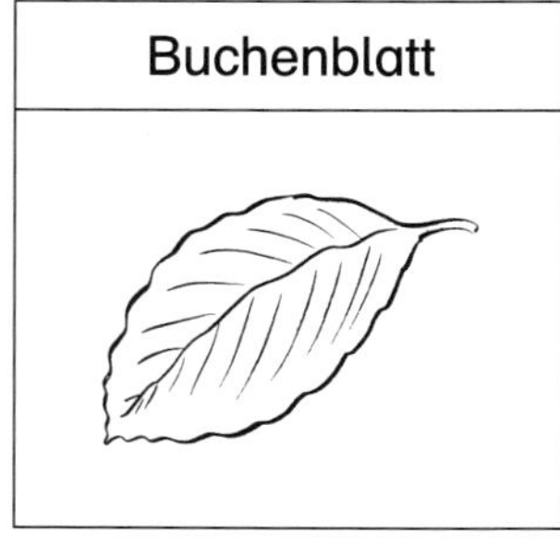	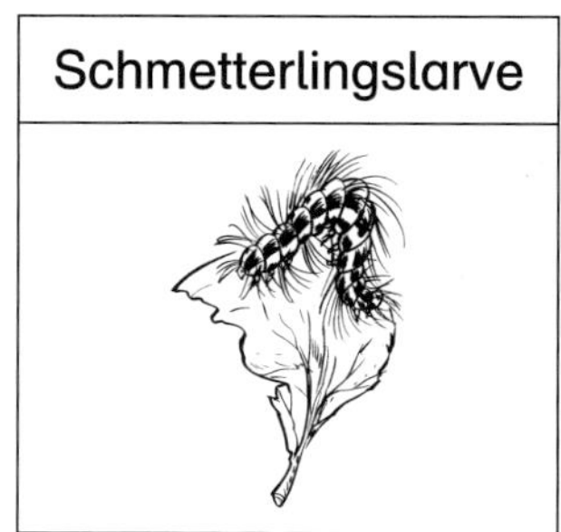	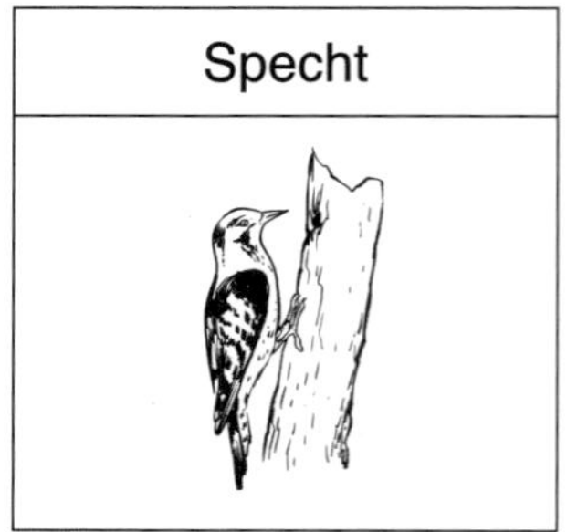

3. ★ Umrahme in der Nahrungskette von Aufgabe 2 den Ausgangspunkt (= Beginn) der Nahrungskette mit einem grünen Stift und das Ende der Nahrungskette mit einem roten Stift.

4. ★★ Entwirf zwei Nahrungsketten mit mindestens drei Lebewesen. Verwende Pfeile und die folgenden Organismen: Uhu, Ameise, Blaumeise, Habicht, Fichte, Blattlaus, Specht, Insektenlarve, Fuchs, Borkenkäfer.

   ① Brennnessel

   ② Fichte

5. ★★ Verbinde die beiden in Aufgabe 4 entworfenen Nahrungsketten so miteinander, dass daraus ein Nahrungsnetz entsteht.

6. ★★ Beschreibe in wenigen Sätzen, was man unter einem Nahrungsnetz versteht. Verwende dazu die Begriffe Nahrungsnetz und Nahrungsketten.

____

____

____

____

____

____

Erwin Graf: Ökosysteme beobachten – verstehen – schützen
© Auer Verlag

Infotext: Die Stockwerke eines Mischwaldes

Waldarten in Mitteleuropa

Jeder Wald ist anders. Auch wenn kein Wald dem anderen gleicht, so unterscheidet man für Mitteleuropa meist folgende drei Waldarten:

1. Laubwald: In Laubwäldern findet man fast nur Laubbäume. Die häufigsten Laubbäume in Mitteleuropa sind: Buche, Eiche, Ahorn, Kastanie. Im Sommer spenden die Laubbäume durch ihr großes, dichtes Blätterdach viel Schatten.

2. Nadelwald: In Nadelwäldern findet man fast nur Nadelbäume wie Kiefern, Fichten, Tannen, Lärchen und Eiben.

3. Mischwald: Typisch für einen Mischwald ist, dass man hier verschiedene Laub- und Nadelbäume findet.

Stockwerkaufbau im Mischwald

Um die Beziehungen zwischen den Lebewesen in einem Wald besser verstehen zu können, vergleicht man die Schichtung eines Waldes mit den Stockwerken eines Hauses. Die Stockwerke im Wald werden von verschiedenen Tieren ganz unterschiedlich genutzt. In einem Mischwald sind die Schichtungen besonders ausgeprägt und gut zu erkennen.

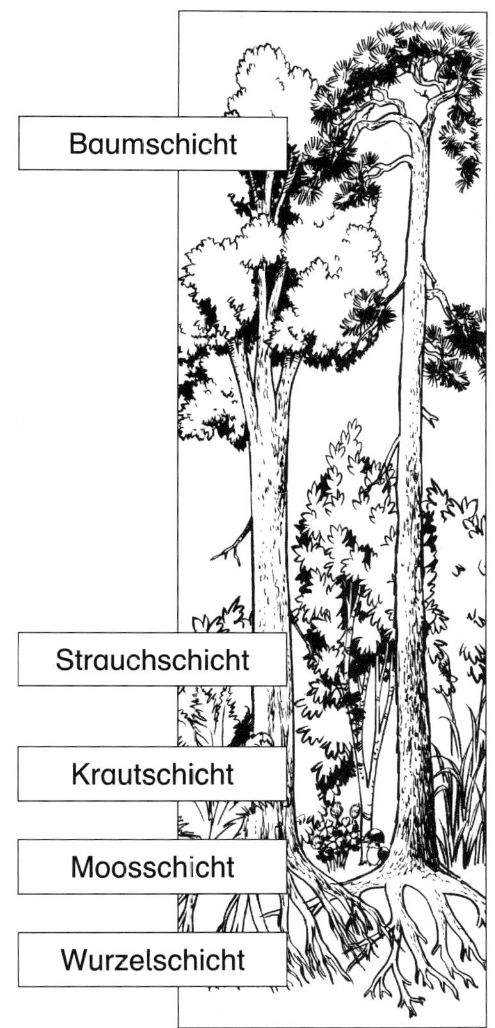

Das oberste Stockwerk im Mischwald nennt man **Baumschicht oder Kronenschicht**. Die Kronen von Buchen, Eichen und anderen Bäumen überragen alle anderen Stockwerke. Im obersten Stockwerk nisten Mäusebussard und Habicht. Hier finden sie Schutz vor ihrem größten Feind, dem Baummarder. Außerdem begeben sich hier Buntspecht und Kleiber auf Insektensuche.

In der **Strauchschicht** wachsen Pflanzen wie Holunder, Hasel und junge Laub- und Nadelbäume. Besonders gut kann man die bis zu 5 Meter hohe Strauchschicht, die den Wind bremst, am Waldrand erkennen. Vögel wie Amsel und Buchfink nisten in den Sträuchern und finden hier viele Insekten als Nahrung.

In der **Krautschicht** wachsen verschiedene Gräser, Kräuter, Farne und Keimlinge von Bäumen. Schlüsselblumen und Buschwindröschen blühen hier im Frühjahr. In den Blüten finden Wildbienen und Schmetterlinge Nahrung.

Die **Moosschicht** ist oft nur wenige Zentimeter hoch. Die Moose können sehr viel Wasser speichern und bieten Kleintieren wie Ameisen, Spinnen, Käfern und Schnecken Unterschlupf und Nahrung.

In der untersten **Wurzelschicht (Bodenschicht)** sind alle Pflanzen verankert. Aus dem Boden nehmen die Pflanzen Wasser und Nährsalze (Mineralsalze) auf. Meist ist diese Schicht von Laub bedeckt, das von Regenwürmern, Insekten, Schnecken und anderen Bodenlebewesen zersetzt wird. Zwischen den Wurzeln legen Waldmäuse ihren Bau an. In Erdhöhlen überwintern viele Tiere wie Kröten, Frösche, Ringelnattern und zahlreiche Insekten.

Erwin Graf: Ökosysteme beobachten – verstehen – schützen
© Auer Verlag

Aufgaben: Die Stockwerke eines Mischwaldes

1. ★ In der Abbildung ist der Stockwerkaufbau eines heimischen Mischwaldes zu sehen. Beschrifte die verschiedenen Stockwerke des Mischwaldes. Nutze dazu folgende Begriffe: Krautschicht, Baumschicht, Wurzelschicht, Strauchschicht, Moosschicht.

2. ★★ Notiere zu jeder Schicht zwei Tiere. Verwende dazu die folgenden Tiere: Amsel, Buchfink, Baummarder, Eichhörnchen, Rötelmaus, Regenwurm, Ameise, Schmetterling, Wildschwein, Reh.

B___ ___ ___schicht

W___ ___ ___ ___ ___schicht

Erwin Graf: Ökosysteme beobachten – verstehen – schützen
© Auer Verlag

Infotext: Jahreszeiten im Laubwald

Frühling

Im Februar tragen die Bäume in einem Mischwald noch keine Blätter. Deshalb fällt viel **Sonnenlicht** auf den Waldboden und erwärmt ihn. **Frühblüher** wie Anemonen (Buschwindröschen), Scharbockskraut und Schlüsselblumen treiben jetzt und blühen schon bald. Im Jahr zuvor haben die Frühblüher viele **Nährstoffe** gebildet und in ihren unterirdischen Speicherorganen gespeichert. Dank der gespeicherten Nährstoffe können die Frühblüher früher als andere Pflanzen austreiben. Wenn es langsam wärmer wird, nehmen auch die **Bäume** im Wald wieder mehr Wasser und Nährsalze aus dem Boden auf. Die im Wasser gelösten Nährsalze gelangen über Leitungsbahnen im Stamm durch die Äste bis zu den Blattknospen. Schließlich schwellen die Knospen an, öffnen sich und die zarten Blätter erscheinen.

Sommer

Im Sommer sind die Blätter an den Bäumen voll entfaltet, „tanken" Sonne und bilden aus den energiearmen Stoffen Kohlenstoffdioxid und Wasser mithilfe der Energie des Sonnenlichts durch **Fotosynthese** lebenswichtigen und energiereichen Traubenzucker (Glukose) und Sauerstoff. Der Traubenzucker wird von der Pflanze in andere Nährstoffe umgewandelt und zur Energiegewinnung genutzt. Nicht benötigte Nährstoffe werden von den Bäumen in ihren Wurzeln gespeichert. Im Sommer blühen die meisten Bäume. Ihre Blüten werden zum größten Teil durch den Wind bestäubt, seltener durch Tiere wie Fliegen, Hummeln und Wildbienen. Das dichte **Blätterdach** der Bäume fängt sehr viel **Licht** auf und lässt nur wenig Licht auf den Waldboden durch. Am Waldboden wachsen Kräuter und Sträucher, die mit wenig Licht auskommen und daher **Schattenpflanzen** genannt werden. Solche Kräuter sind beispielsweise Aronstab und Sauerklee.

Herbst

Ab August/September setzt allmählich die Verfärbung der Blätter ein. Schon bald fallen erste Früchte wie Eicheln und Bucheckern von den Bäumen. Je mehr Laub von den Bäumen fällt, desto mehr **Sonnenlicht** gelangt wieder auf den Waldboden. Viele Kräuter verkümmern. Die abgeworfenen Laubblätter der Bäume und die verkümmerten Pflanzen werden im Boden schrittweise in Nährsalze und Humus umgewandelt. Hierbei spielen Bodenorganismen wie beispielsweise Regenwürmer, Insekten und Bakterien eine wichtige Rolle. Nährsalze und Wasser werden von den Bäumen im Frühjahr in großen Mengen benötigt, damit sie neue Blätter ausbilden und gut wachsen können.

Winter

Im Winter sind die Umweltbedingungen für alle Lebewesen erschwert. Während längerer Kältephasen ist ein großer Teil des Wassers im Boden gefroren und die Pflanzen können kaum Wasser über die Wurzeln aufnehmen. Der Wald befindet sich jetzt in einer **Trockenruhe**. Nur bei immergrünen Pflanzen wie Fichten, Tannen, Efeu und Stechpalmen bleiben die Blätter (Nadeln) auch im Winter an den Pflanzen. Die Blätter dieser immergrünen Pflanzen sind mit einer dicken Wachsschicht überzogen und verlieren dadurch wenig Wasser. Die **Laubschicht** auf dem Waldboden ist ein guter Kälteschutz für die Baumwurzeln und die Lebewesen im Boden.

Erwin Graf: Ökosysteme beobachten – verstehen – schützen
© Auer Verlag

Aufgaben: Jahreszeiten im Laubwald

1. ★ **a)** Beschreibe anhand der Abbildung unten die Belaubung der Bäume in den verschiedenen Monaten.

____

____

____

b) Notiere die Monate, in denen die Bäume nicht belaubt sind.

____

c) Notiere anhand der Abbildung die drei Monate, in denen am meisten Licht auf dem Waldboden ankommt. Achte dabei auf die grau unterlegte Fläche in der Abbildung.

____

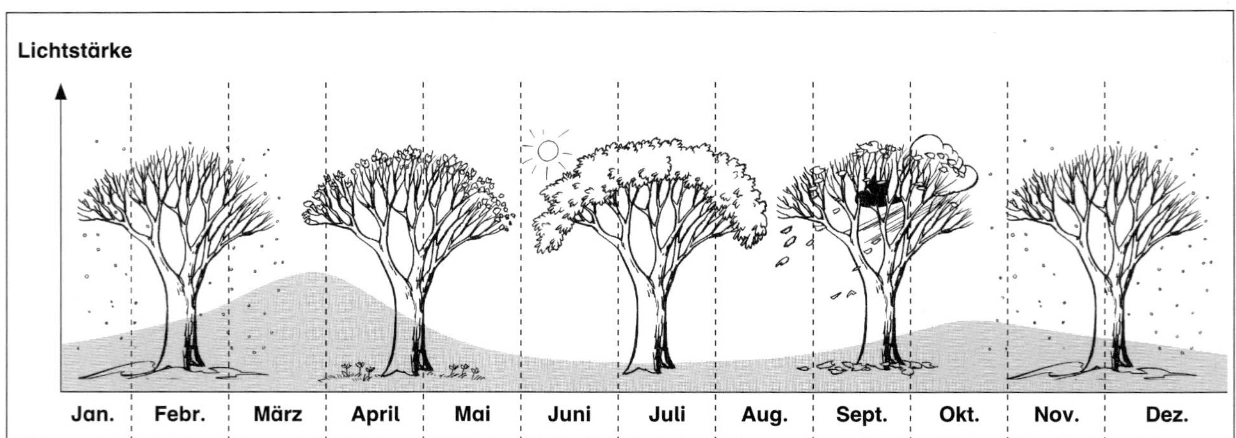

2. ★★ Erläutere, weshalb die Laubbäume eines Waldes nur während einer bestimmten Zeitspanne im Jahr Traubenzucker bilden können. Verwende dazu folgende Begriffe: Kohlenstoffdioxid, Sonnenlicht, Fotosynthese, energiearm, Blätter, Wasser, Traubenzucker, energiereich, Sauerstoff.

____

____

____

____

____

____

____

____

Erwin Graf: Ökosysteme beobachten – verstehen – schützen
© Auer Verlag

Infotext: Frühblüher

Frühblüher

Sicher hast du schon einmal beobachtet, dass einige Pflanzen sehr früh im Jahr blühen. Diese Pflanzen nennt man **Frühblüher**. Manche dieser Frühblüher wie **Schneeglöckchen**, **Märzenbecher** und **Anemonen** (Buschwindröschen) durchbrechen bereits im Januar oder Februar den noch kalten Boden, entfalten ihre zarten grünen Blätter und fangen schon bald an zu blühen.

Schneeglöckchen

© Victoria Kondysenko, https://stock.adobe.com/de

Zu Beginn des Jahres ist die Luft meist noch recht kalt. Auf und im Boden ist es jedoch deutlich wärmer als in der Luft. Dies liegt daran, dass die Sonne ungehindert auf den Boden des Laubwaldes scheinen kann, den Boden erwärmt und das Leben im Boden erwachen lässt. So wird es in den oberen Schichten des Bodens allmählich immer wärmer und die ersten Pflanzen können wachsen. Allerdings reichen die Temperatur und die Menge des Sonnenlichts noch nicht dafür aus, dass sich die Frühblüher jetzt schon mit Nährstoffen aus der Fotosynthese versorgen können. Aber wie schaffen sie es dann, so zeitig im Jahr zu wachsen und sogar zu blühen?

Anemone (Buschwindröschen)

© Harlekin-Graphics, https://stock.adobe.com/de

Speicherorgane der Frühblüher

Die Frühblüher bilden im Frühjahr mithilfe der Fotosynthese während und nach der Blüte sehr viele Nährstoffe. Bevor die Waldbäume ihre Blätter noch nicht voll entfaltet haben, fällt noch viel Sonnenlicht auf den Waldboden. Die Sonne nutzen die Frühblüher, um Nährstoffe zu bilden. Nicht alle im Frühjahr gebildeten Nährstoffe brauchen die Frühblüher für ihre Lebensvorgänge. Die überschüssigen Nährstoffe wie Traubenzucker (Glukose), **Stärke** und Eiweiß speichern die Frühblüher in ihren **unterirdischen Speicherorganen** für das nächste Frühjahr.

Im Sommer, Herbst und Winter ist von den Frühblühern nichts zu sehen, da die oberirdischen Pflanzenteile verwelken und zurückgebildet werden. Die Frühblüher scheinen verschwunden zu sein. Jedoch überdauern sie mit ihren Speicherorganen bis zum nächsten Frühjahr im Boden. Die in den Speicherorganen vorhandenen Nährstoffe liefern den Frühblühern die Energie, damit sie zeitig im Frühjahr wachsen und Blüten ausbilden können. Dabei geben die Frühblüher auch Wärme an die Umwelt ab, sodass sogar der Schnee um sie herum schmilzt. Dadurch kommt zusätzliches Sonnenlicht (Lichtenergie) und wärmende Sonnenstrahlung (Wärmeenergie) auf die Erde und lässt die Frühblüher noch schneller wachsen.

Märzenbecher

© zimuwe, https://stock.adobe.com/de

Arten von Speicherorganen

Die verschiedenen Frühblüher haben unterschiedliche Speicherorgane. Allen Speicherorganen ist gemeinsam, dass sie Nährstoffe und Energie speichern. Diese helfen den Pflanzen, bestimmte Zeiten zu überdauern und sich zu vermehren. Man unterscheidet folgende Arten von Speicherorganen: Zwiebel (z. B. Schneeglöckchen, Tulpe, Narzisse), Knolle (z. B. Krokus) und Erdspross (= Rhizom; z. B. Buschwindröschen, Scharbockskraut).

Erwin Graf: Ökosysteme beobachten – verstehen – schützen
© Auer Verlag

Aufgaben: Frühblüher

1. ★ Kreuze an. Bestimmte Pflanzen nennt man Frühblüher, weil sie …

- ☐ schon früh am Morgen blühen.
- ☐ früh am Abend ihre Blüten öffnen.
- ☐ nur früh am Morgen blühen und ihre Blüten öffnen.
- ☐ schon vor vielen Jahren, d. h. schon sehr früh, in Gärten und Parks gepflanzt wurden.
- ☐ gern zum Frühstück gegessen werden.
- ☐ schon früh im Jahr blühen.

2. ★ Schreibe die Namen der Frühblüher unter die Abbildungen.

© Victoria Kondysenko, https://stock.adobe.com/de

© Harlekin-Graphics, https://stock.adobe.com/de

© zimuwe, https://stock.adobe.com/de

______________________ ______________________ ______________________

3. ★★ Erläutere die Bedeutung der Speicherorgane bei Frühblühern.

____

____

____

____

____

4. ★★ **a)** Beschreibe die Lichtverhältnisse in einem Laubwald, während die Frühblüher blühen.

____

____

____

b) Begründe, weshalb man in einem Nadelwald in aller Regel keine Frühblüher findet.

____

____

____

____

____

Erwin Graf: Ökosysteme beobachten – verstehen – schützen
© Auer Verlag

Infotext: Stoffkreislauf im Ökosystem Wald

Ökosysteme

Alle Ökosysteme wie Seen, Tümpel, Wälder und das Meer sind gekennzeichnet durch Lebewesen, die an den betreffenden Lebensraum **angepasst** sind. Ob ein Lebewesen in einem bestimmten Lebensraum überhaupt leben kann, wird durch bestimmte Umweltfaktoren bestimmt. Es lassen sich **zwei große Gruppen von Umweltfaktoren** unterscheiden:

- nicht-biologische (abiotische) Umweltfaktoren: Sonnenlicht, Sauerstoff, Temperatur, Wasser etc.
- biologische (biotische) Umweltfaktoren: Lebewesen der gleichen Art, Nahrungskonkurrenten, Krankheitserreger (Bakterien, Viren etc.) etc.

Damit ein Lebewesen seine ökologische Nische in einem bestimmten Lebensraum (z. B. ein Karpfen in einem Teich mit ausreichend Algen; ein Eichhörnchen in einem Park mit Eichen und Buchen; eine Amsel in einem Naturgarten mit vielen Sträuchern) besetzen kann, muss das Beziehungsgefüge zwischen den biotischen und den abiotischen Umweltfaktoren stimmig sein und das Leben einer Art (z. B. Pflanzengruppe, Tiergruppe) zulassen. Manchmal ist schon **ein** einziger Umweltfaktor ausschlaggebend dafür, ob ein Lebewesen in einem bestimmten Lebensraum überhaupt leben kann, z. B.: Ist das Wasser eines Flusses zu warm und enthält das Flusswasser dadurch zu wenig Sauerstoff, so ersticken die Fische im Gewässer.

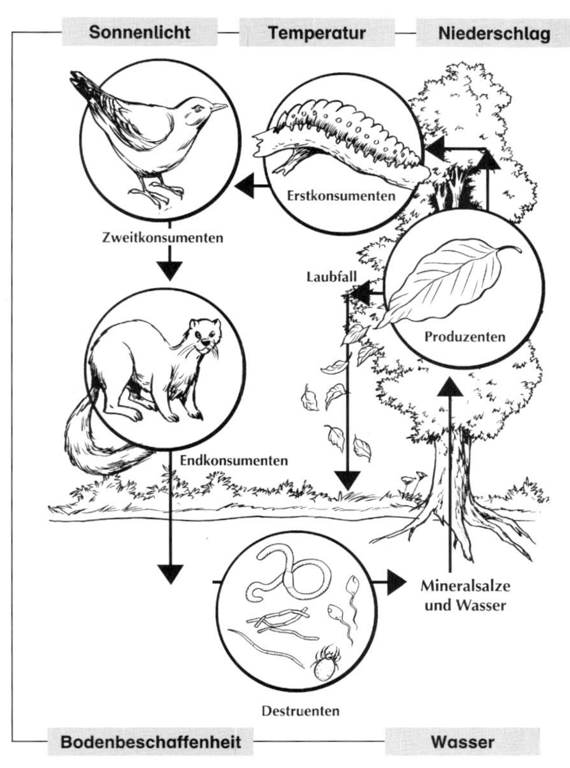

Stoffkreislauf im Wald

Stoffkreislauf im Wald

Ein Merkmal von Ökosystemen ist der ständige **Stoffkreislauf**, in den die Lebewesen eingebunden sind. Der Stoffkreislauf im Ökosystem Wald wird durch folgende Prozesse aufrechterhalten:

<u>1. Fotosynthese:</u> Die grünen Pflanzen als **Produzenten** bilden aus Kohlenstoffdioxid und Wasser mithilfe des Sonnenlichts energiereichen Traubenzucker und setzen Sauerstoff frei.

<u>2. Zellatmung:</u> Die meisten Lebewesen brauchen Sauerstoff, um aus Traubenzucker die nötige Energie für ihre Lebensvorgänge zu gewinnen. Die dabei ablaufenden Vorgänge nennt man Zellatmung. Bei der Zellatmung entsteht Kohlenstoffdioxid, das an die Umwelt abgegeben wird. Tiere als **Konsumenten** sind somit auf die Vorleistungen der grünen Pflanzen angewiesen.

<u>3. Zersetzung:</u> Abgestorbene Pflanzen, tote Tiere und die Ausscheidungen von Tieren werden insbesondere durch Mikroorganismen (z. B. Bakterien) zersetzt. Diese **Destruenten** (Reduzenten) „zerstören" die organische Substanz (z. B. Stärke, Eiweiß, Fett), d. h., sie bauen diese ab und wandeln die organische Substanz in Nährsalze um. Diese Nährsalze nehmen die Pflanzen über ihre Wurzeln auf. Dies ist eine Voraussetzung für das Pflanzenwachstum. Schon ist der **Stoffkreislauf geschlossen**. Im Wald sind die Stoffe in einem **ständigen Kreislauf**, d. h., die aufgebauten organischen Stoffe (z. B. Glukose = Traubenzucker) werden immer wieder ab- und umgebaut. Somit gibt es in der lebenden Natur **keine** „Abfälle", die auf einer Müllkippe landen.

Erwin Graf: Ökosysteme beobachten – verstehen – schützen
© Auer Verlag

Aufgaben: Stoffkreislauf im Ökosystem Wald

1. ★ Nenne drei Ökosysteme.

____

2. ★ In welche zwei große Gruppen lassen sich die Umweltfaktoren einteilen? Nenne jeweils ein Beispiel.

_______________________ Beispiel: _______________

_______________________ Beispiel: _______________

3. ★ Erläutere ein Beispiel für einen Umweltfaktor, der das Leben einer Art (z. B. Forelle, Karpfen) in einem bestimmten Lebensraum nicht mehr ermöglicht.

____

____

____

4. ★★ Kreuze an: Was versteht man unter dem Begriff „ökologische Nische“?

Eine ökologische Nische ist …

- ☐ ein geografisch abgegrenzter Raum, den eine Art (Pflanzengruppe, Tiergruppe etc.) besetzt.
- ☐ die Gesamtheit der abiotischen und biotischen Umweltfaktoren, die eine Art zum Leben braucht.
- ☐ ein Beziehungsgefüge, in dem sich eine Art befindet und das dieser Art erlaubt, in diesem Gefüge zu leben.
- ☐ ein klar abgegrenzter Raum in einem Ökosystem, in dem eine biologische Art lebt.

5. ★★ Vervollständige das folgende Schema zum „Stoffkreislauf in einem Wald“. Setze dazu die nötigen Begriffe in die Abbildung ein.

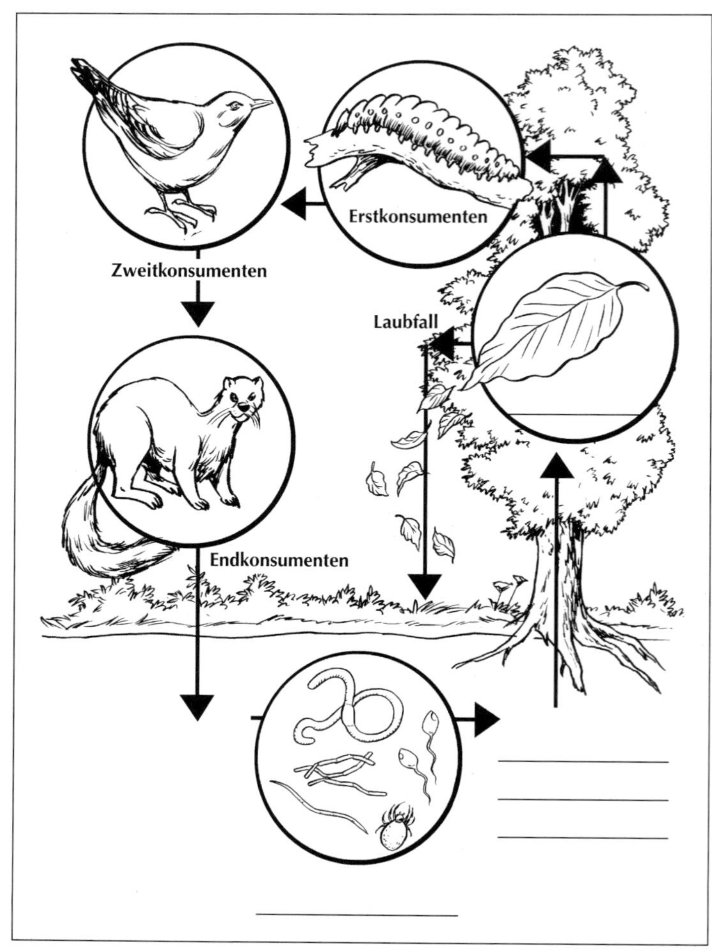

Erwin Graf: Ökosysteme beobachten – verstehen – schützen
© Auer Verlag

Infotext: Die Bedeutung der Wälder (1)

Wälder sind weit mehr als nur Ansammlungen von Bäumen

Bei einem Wald denken viele Menschen zunächst an die Bäume in diesem Wald. Der Wald ist aber viel mehr als nur „eine Ansammlung von Bäumen" – der Wald ist ein „Multitalent"! Wälder haben ungeahnt viele Funktionen. So liefert der Wald beispielsweise den Rohstoff Holz und gibt vielen Menschen Arbeit und Einkommen. Man denke beispielsweise an Förster, Waldarbeiter und Jäger, die im und vom Wald leben.

Der Wald als Nahrungsquelle und Rohstofflieferant

Der Mensch hat den Wald schon immer genutzt. Unsere Vorfahren ernährten sich seit jeher von Pilzen, Beeren und Wildtieren. Das Holz der Bäume findet vielfältige Anwendung: als Brennmaterial (z. B. Kaminholz, Holzpellets), für den Bau von Bergwerken (z. B. Holz zum Stützen der Gänge) und Häusern (z. B. Dachbalken), als Papier (z. B. Zeitungen, Bücher), als Möbelholz (z. B. Stühle, Schränke), für Stiele (z. B. Schaufeln, Besen), für Kunstwerke (z. B. Altäre in Kirchen, Bilderrahmen) etc.

Der Wald als Lebensraum

In einem Wald leben zahllose Pflanzen, Pilze und Tiere voneinander und miteinander. Und in einem Wald leben auch unzählige Bakterien: Schon in einer Handvoll Waldboden leben viel mehr Bakterien, als es Menschen auf der Erde gibt. Im Wald finden viele Organismen ihren Lebensraum. Dabei stehen sie in vielfältiger Weise untereinander in Verbindung, d. h., die Lebewesen im Wald sind eine **Lebensgemeinschaft**. So produzieren die grünen Pflanzen mithilfe der Fotosynthese energiereiche organische Stoffe und Sauerstoff. Diese Leistungen der Pflanzen sind lebenswichtig für Bakterien, Pilze und Tiere.

Schutzwirkungen des Waldes

In der Luft sind **Staub und andere Luftschadstoffe** vorhanden. Staubpartikel werden nicht nur durch den Wind vom Boden in die Luft gewirbelt, sondern sie entstehen beispielsweise auch beim Reifenabrieb im Straßenverkehr, beim Verbrennen von Holz und Heizöl und bei der Müllverbrennung. Werden die kleinen Staubpartikel eingeatmet, so können sie sich in der Lunge ablagern und zu schweren Atemwegserkrankungen führen. Vor allem kleine Kinder und ältere Menschen in Städten leiden unter dem Staub und den anderen Schadstoffen (z. B. Schwefeldioxid, Stickoxide, Ozon) in der Luft. Die Pflanzen im Wald filtern große Mengen an Staub und Schadstoffen aus der Luft. Zudem ist es in einem Wald im Sommer viel kühler als in einer Stadt und die Waldluft ist mit viel Sauerstoff und Luftfeuchtigkeit angereichert. Die kühle, reine Waldluft strömt in die Dörfer und Städte und verbessert dort das Klima. Deshalb ist der Wald förderlich für unsere Gesundheit und kann beispielsweise **vor Atemwegserkrankungen schützen**.

Erwin Graf: Ökosysteme beobachten – verstehen – schützen
© Auer Verlag

Infotext: Die Bedeutung der Wälder (2)

Infolge der **Treibhausgase** wie Kohlenstoffdioxid, Methan und Stickstoffoxide, die der Mensch in die Atmosphäre abgibt (z. B. durch Autoabgase, Abgase von Öl- und Gasheizungen, Abbrennen von Wäldern etc.), wird es seit Jahren auf der Erde immer wärmer. Wälder binden große Mengen dieser Treibhausgase, kühlen die Luft durch Wasserabgabe der Blätter und leisten so einen großen Beitrag zum **Klimaschutz** auf der Erde.

Der Straßenverkehr verursacht nicht nur Abgase, sondern auch viel Lärm. Auch Lärm ist schädlich für unsere Gesundheit. Schon ein kleiner Waldstreifen beispielsweise an einer Schnellstraße oder Autobahn **verringert die Lärmbelastung**.

Insbesondere Menschen in Städten genießen Spaziergänge, Wanderungen und Fahrradausflüge im Wald und können sich dabei gut erholen. Dieser **Erholungs- und Freizeitwert des Waldes** wird für Menschen immer wichtiger. Bei der Planung neuer Stadtteile und beim Bau von Straßen wird zunehmend darauf geachtet, dass ein vorhandener Wald möglichst erhalten bleibt und wenn möglich stadtnahe Erholungswälder neu angelegt werden.

Im Gebirge leisten die Wälder einen großen Beitrag zum **Schutz vor Steinschlag und Lawinen**. Die Wurzeln der Bäume halten den Boden sowie Steine fest und die kräftigen Baumstämme verhindern an vielen Orten, dass Lawinen die Häuser in den Bergen gefährden.

Der Wald als Wasserspeicher und als Schutz vor Überschwemmungen

Wenn es regnet, so nimmt der Waldboden in kurzer Zeit große Mengen Wasser auf und **schützt vor Überschwemmungen**. Im Wald werden große Wassermengen durch Moose, die Humusschicht und auch tiefere Schichten des Waldbodens gespeichert und nur langsam abgegeben. Ein Teil des Wassers versickert in tiefere Bodenschichten und gelangt nach der Reinigung im Boden schließlich ins **Grundwasser**. Das reine Grundwasser wird vielerorts als **Trinkwasserquelle** genutzt. Nur ein kleiner Teil des Regenwassers, das auf das Blätterdach eines Waldes fällt und auf den Boden tropft, fließt oberflächlich in Bäche und Flüsse.

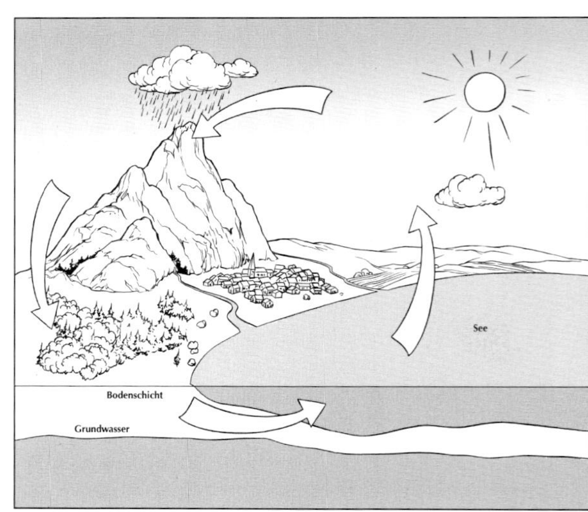

In niederschlagsarmen Wochen und Monaten gibt der Waldboden das gespeicherte Wasser langsam ab, sodass die Quellen im Wald nicht versiegen und die Bäche im Wald das ganze Jahr über Wasser führen. Wird ein Wald abgeholzt und es wird nicht wieder aufgeforstet, so kann Regenwasser kaum zurückgehalten werden. Das Wasser fließt dann nicht langsam nach und nach ab, sondern schnell. Das schnell abfließende Wasser schwemmt den fruchtbaren Boden weg und es kommt vermehrt zu Überschwemmungen in den Tälern.

Erwin Graf: Ökosysteme beobachten – verstehen – schützen
© Auer Verlag

Aufgaben: Die Bedeutung der Wälder

1. ★ Vervollständige die folgende Übersicht zur Bedeutung des Waldes mit Wörtern und kleinen Bildern.

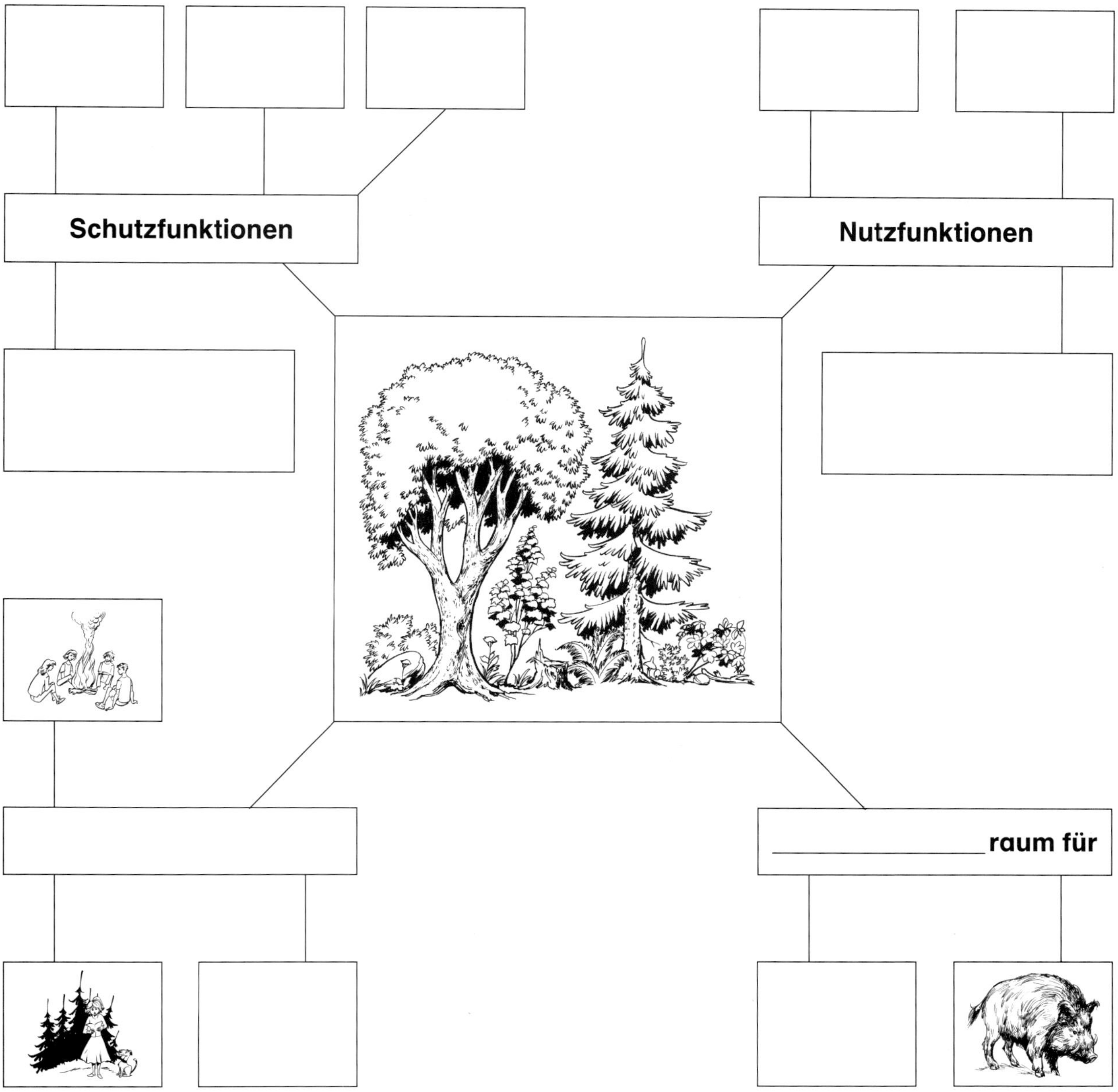

Schutzfunktionen

Nutzfunktionen

_______________ **raum für**

2. ★★ Erläutere, welche Auswirkungen starke Niederschläge auf eine abgeholzte Waldfläche haben.

___

___

___

___

___

Erwin Graf: Ökosysteme beobachten – verstehen – schützen
© Auer Verlag

Lösungen: Wälder auf der Erde

1. ★

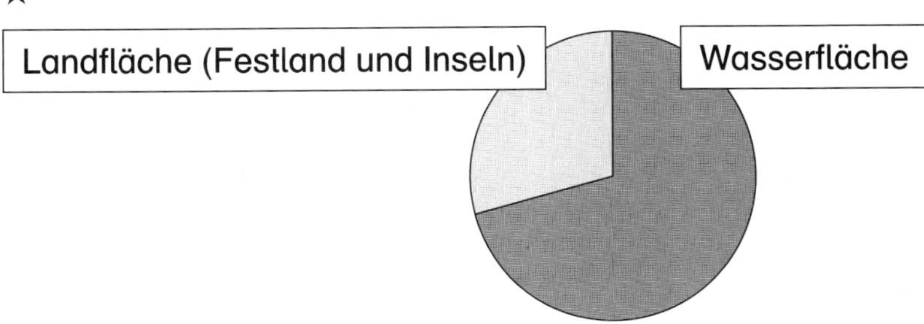

2. ★

- [ ] Deutschland
- [x] Brasilien
- [x] China
- [ ] Österreich
- [ ] Norwegen
- [x] Russland
- [ ] Schweiz
- [ ] Schweden
- [ ] Indien
- [x] Kanada
- [x] USA
- [ ] Mexiko

3. ★★

a) Ergebnis: Die Landfläche auf der Erde beträgt etwa **147 900 000** km².

b) Ergebnis: Die bewaldete Fläche auf der Erde beträgt etwa **49 300 000** km².

4. ★★

Ergebnis: Die Fläche der tropischen Regenwälder beträgt etwa **14 790 000** km².

Zum Vergleich: Die Fläche Deutschlands beträgt ca. 360 000 km², d. h., Deutschland könnte man etwa **41**-mal auf dieser Fläche unterbringen.

5. ★★

Boreale Nadelwälder finden sich auf einem Streifen hoch im Norden von Alaska und Nordkanada über Nordskandinavien bis nach Nordsibirien (Russland). Typische Säugetiere: Braun- und Schwarzbären, Elche, Schneeleoparden, sibirische Tiger und Luchse.

Lösungen: Waldformen und heimische Nadelbäume

1. ★

Name des Nadelbaumes	Baumform	Nadeln	Zapfen	Besonderes
Kiefer				lange Nadeln; je zwei Nadeln stehen eng beieinander

Erwin Graf: Ökosysteme beobachten – verstehen – schützen
© Auer Verlag

Name des Nadelbaumes	Baumform	Nadeln	Zapfen	Besonderes
Lärche				sommergrüner Nadelbaum; verliert im Spätherbst die kurzen, weichen Nadeln; kleine, taubeneigroße Zapfen
Fichte				kann bei Sturm leicht entwurzelt werden, da die Wurzeln nur flach im Boden verankert sind; Nadeln sind stachelig
Eibe			keine Zapfen	steht unter Naturschutz; ist giftig
Tanne				tiefe Wurzeln; bei starkem Sturm bricht der Stamm eher ab, bevor der Baum als Ganzes entwurzelt wird

2. ★★

Aussage	richtig	falsch	Korrektur
a) Die Lärche ist ein Vogel.		✗	Die Lärche ist ein **Nadelbaum**. Oder: Die **Lerche** ist ein Vogel.
b) Kiefern haben lange, spitze Nadeln.	✗		
c) Alle Teile der Tanne sind giftig, bis auf den roten Fruchtmantel.		✗	Alle Teile der **Eibe** sind giftig, bis auf den roten Fruchtmantel.
d) Alle Nadelbäume werfen im Herbst ihre Nadeln ab.		✗	**Nur die Lärche wirft** im Herbst ihre Nadeln ab.
e) Die Zapfen von Fichten, Lärchen und Kiefern fallen im Herbst als Ganzes ab.	✗		
f) Eiben haben keine Zapfen. Die Samen befinden sich in einem roten Fruchtmantel, der ungiftig ist.	✗		

Erwin Graf: Ökosysteme beobachten – verstehen – schützen
© Auer Verlag

Lösungen: Heimische Laubbäume

1. ★ individuelle Lösungen
2. ★★ individuelle Lösungen

Lösungen: Eine Buche als Lebensraum

1. ★

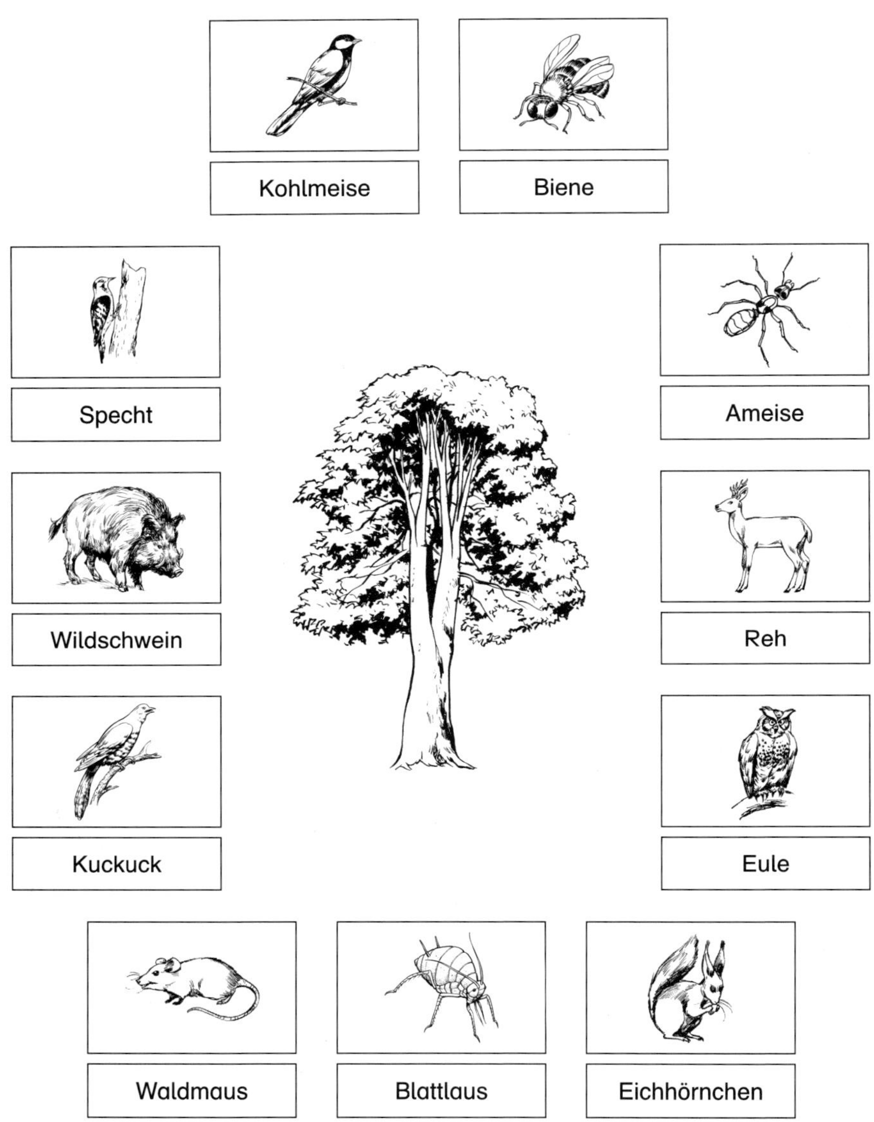

2. ★

(1) **Hainbuche**

(2) **Rotbuche** (oft einfach Buche genannt)

3. ★

Hainbuche: leicht gefaltete Blätter mit gezacktem Blattrand
Rotbuche (Buche): leicht gewellte, glänzende Blätter mit gewelltem Blattrand

Erwin Graf: Ökosysteme beobachten – verstehen – schützen
© Auer Verlag

4. ★★

Nahrungsquelle (Blätter, Früchte etc.): **Kohlmeise, Specht, Ameise, Reh, Kuckuck, Waldmaus, Blattlaus, Wildschwein, Eichhörnchen**
Versteck, Unterschlupf, Nistplatz: **Kohlmeise, Biene, Specht, Ameise, Kuckuck, Waldmaus**
Aussichts- und Beobachtungsplatz: **Eule**

5. ★★

Mithilfe des Chlorophylls der Blätter betreiben die Buchen bei Sonnenlicht Fotosynthese. Einen Teil des Sauerstoffs, der bei der Fotosynthese gebildet wird, brauchen die Buchen selbst für ihre Lebensvorgänge (Zellatmung). Den übrigen Sauerstoff, den die Buchen bei der Fotosynthese bilden, geben die Blätter über ihre Stomata (Spaltöffnungen) an die Luft (Atmosphäre) ab. Das ist bei einer Buche pro Tag so viel Sauerstoff, wie etwa 50 Menschen täglich zum Leben (für die Zellatmung) benötigen.
Reaktionsgleichung/-schema der Fotosynthese: Kohlenstoffdioxid + Wasser → Traubenzucker (Glukose) + Sauerstoff

Lösungen: Nahrungsbeziehungen an einer Buche

1. ★

Der Pfeil in einer Nahrungskette bedeutet **„wird gefressen von"**.

2. ★

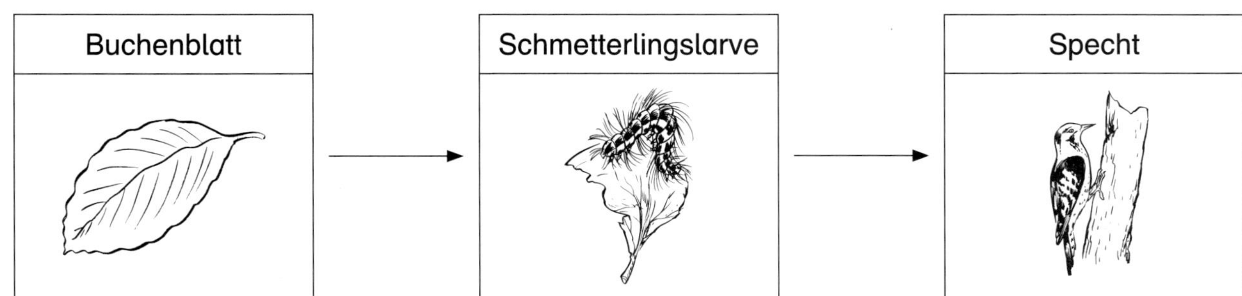

3. ★

Buchenblatt = grün umrahmt; Specht = rot umrahmt

4. + 5. ★★

mögliche Lösungen:

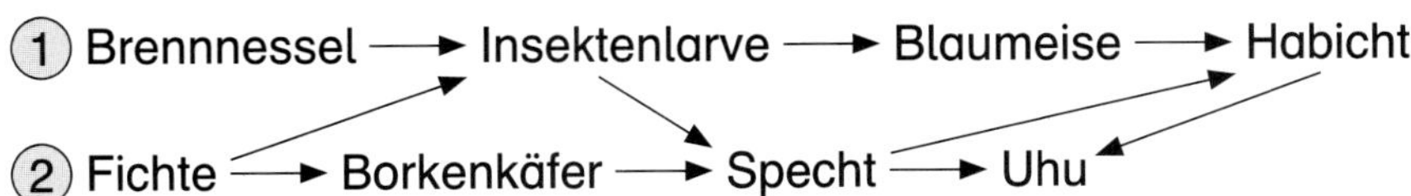

6. ★★

Ein **Nahrungsnetz** kann man als miteinander netzartig verbundene **Nahrungsketten** beschreiben. Bei Aufgabe 5 wurden zwei Nahrungsketten zu einem Nahrungsnetz verbunden.

Erwin Graf: Ökosysteme beobachten – verstehen – schützen
© Auer Verlag

Lösungen: Die Stockwerke eines Mischwaldes

1. ★

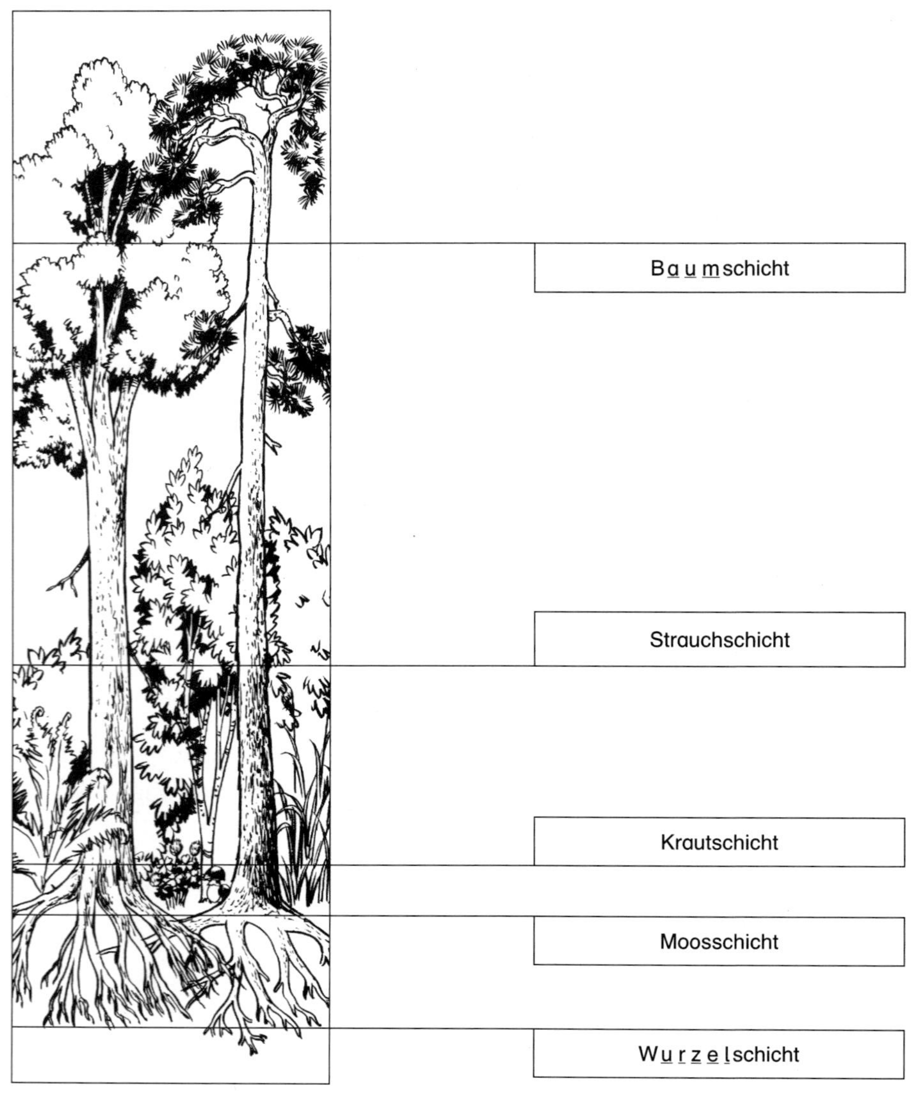

2. ★★

Wurzelschicht: Rötelmaus und Regenwurm; Wurzel- und Moosschicht: Ameise; Krautschicht: Schmetterling; Kraut- und Strauchschicht: Wildschwein und Reh; Strauchschicht: Amsel und Buchfink; Baumschicht: Baummader und Eichhörnchen

Lösungen: Jahreszeiten im Laubwald

1. ★

a) Von November bis März sind die Laubbäume nicht belaubt. Hinweis: Je nach Wetter, Gegend etc. kann es zu leichten Schwankungen bei der Belaubung kommen.

b) Januar, Februar, März, November, Dezember

c) Februar, März und April

Erwin Graf: Ökosysteme beobachten – verstehen – schützen
© Auer Verlag

2. ★★

Nur die grünen Pflanzen können mithilfe des Chlorophylls in den Chloroplasten (Blattgrünkörner) der Blätter aus energiearmem Kohlenstoffdioxid und Wasser energiereichen Traubenzucker und Sauerstoff bilden. Zur Fotosynthese benötigen die grünen Pflanzen Sonnenlicht. Wenn kein oder zu wenig Sonnenlicht zur Verfügung steht (z. B. nachts), die grünen Blätter fehlen oder in den Blättern keine Chloroplasten vorhanden sind, ist Fotosynthese nicht möglich. Alle Tiere und Menschen sind von den grünen Pflanzen abhängig: Ohne die Leistungen dieser Produzenten können wir nicht leben.

Lösungen: Frühblüher

1. ★

Bestimmte Pflanzen nennt man Frühblüher, weil sie ...

- ☐ schon früh am Morgen blühen.
- ☐ früh am Abend ihre Blüten öffnen.
- ☐ nur früh am Morgen blühen und ihre Blüten öffnen.
- ☐ schon vor vielen Jahren, d. h. schon sehr früh, in Gärten und Parks gepflanzt wurden.
- ☐ gern zum Frühstück gegessen werden.
- ☒ schon früh im Jahr blühen.

2. ★

© Victoria Kondysenko, https://stock.adobe.com/de

Schneeglöckchen

© Harlekin-Graphics, https://stock.adobe.com/de

Anemone (Buschwindröschen)

© zimuwe, https://stock.adobe.com/de

Märzenbecher

3. ★★

Alle Frühblüher haben spezielle Speicherorgane, z. B. Zwiebeln, Knollen und Erdsprosse (Rhizome). In den Speicherorganen der Frühblüher werden Nährstoffe (z. B. Traubenzucker, Stärke, Fett, Eiweiß) gespeichert. Dank der gespeicherten Nährstoffe können sich die Frühblüher schon früh im Jahr entfalten, wachsen und blühen, auch wenn es noch kalt ist und die Sonne täglich nur kurz scheint.

4. ★★

a) Im Januar/Februar/März haben die Bäume und Büsche im Laubwald noch keine oder erst kleine Blätter. Deshalb gelangt viel Sonnenlicht auf den Waldboden, erwärmt ihn und die Frühblüher erhalten zudem Licht für die Fotosynthese.

b) Am Boden eines Nadelwaldes ist es das ganze Jahr über recht dunkel. Das wenige auf den Boden fallende Licht reicht den meisten Pflanzen nicht aus, um von Frühjahr bis Herbst mithilfe der Fotosynthese genügend Nährstoffe aufzubauen und zu speichern, um früh im nächsten Jahr schon zu wachsen und zu blühen.

Erwin Graf: Ökosysteme beobachten – verstehen – schützen
© Auer Verlag

Lösungen: Stoffkreislauf im Ökosystem Wald

1. ★

mögliche Lösungen: Wald/Hecke, See/Tümpel, Meer/Ozean

2. ★

abiotische (nicht-biologische) Umweltfaktoren, Beispiele: Licht, Wasser, Wärme
biotische (biologische) Umweltfaktoren, Beispiele: Parasiten, Artgenossen, Fressfeinde

3. ★

Wird das Wasser in einem See, Bach oder Fluss zu warm, so ist im Wasser zu wenig Sauerstoff enthalten und die Fische im Wasser sterben an Sauerstoffmangel, d. h., sie ersticken.

4. ★★

Eine ökologische Nische ist …

- ☐ ein geografisch abgegrenzter Raum, den eine Art (Pflanzengruppe, Tiergruppe etc.) besetzt.
- ☒ die Gesamtheit der abiotischen und biotischen Umweltfaktoren, die eine Art zum Leben braucht.
- ☒ ein Beziehungsgefüge, in dem sich eine Art befindet und das dieser Art erlaubt, in diesem Gefüge zu leben.
- ☐ ein klar abgegrenzter Raum in einem Ökosystem, in dem eine biologische Art lebt.

5. ★★

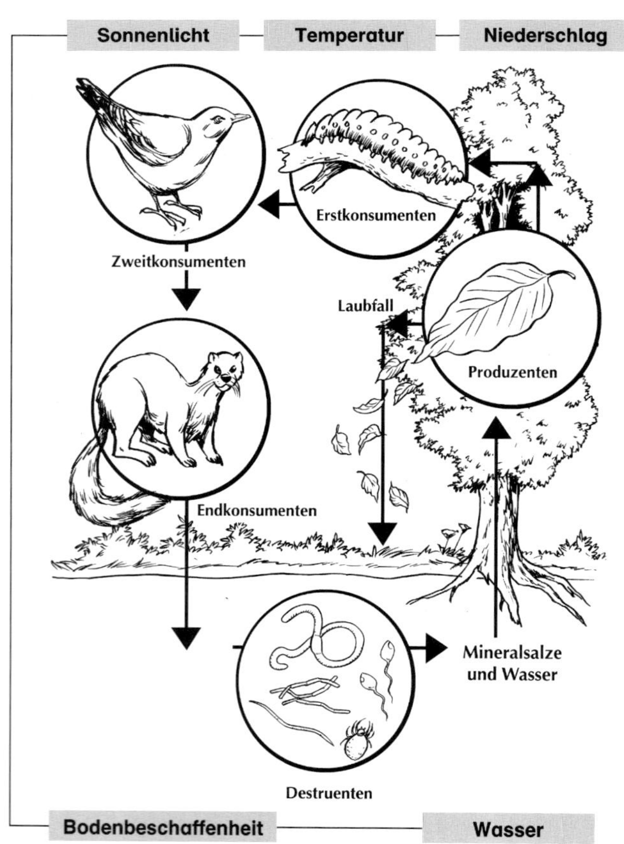

Erwin Graf: Ökosysteme beobachten – verstehen – schützen
© Auer Verlag

Lösungen: Die Bedeutung der Wälder

1. ★

mögliche Lösung:

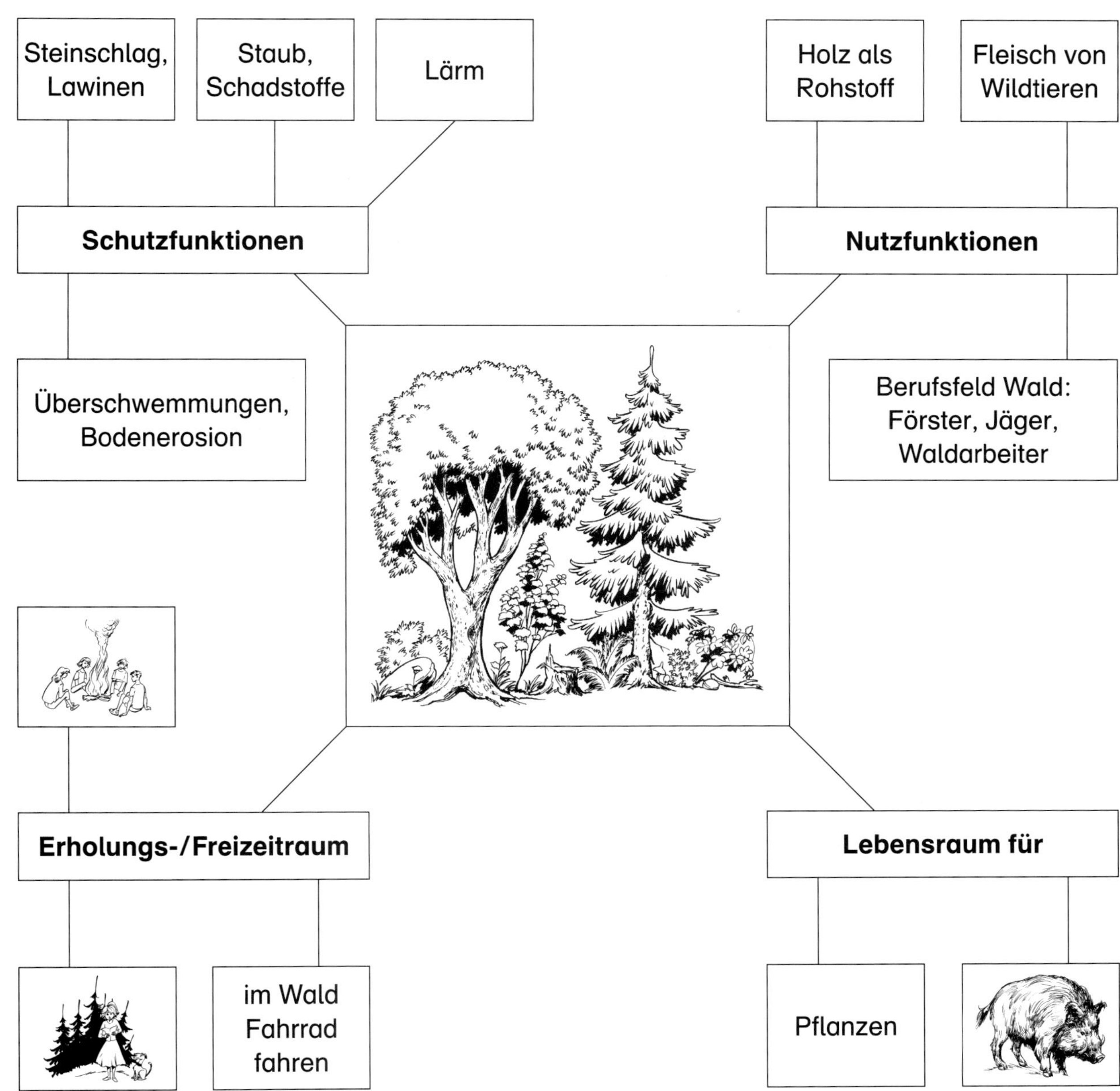

2. ★★

Wird ein Wald abgeholzt, so gelangen bei Starkregen in kurzer Zeit große Wassermengen auf den Boden. Das Wasser versickert dann nur teilweise. Der größte Teil des Regenwassers fließt schnell ins Tal und schwemmt dabei fruchtbaren Boden weg (Wassererosion). In den Tälern lagert sich der abgeschwemmte Boden in Bächen und Flüssen ab und es kommt zu teilweise schweren Überschwemmungen (Beispiel: Ahrtal im Jahr 2021).

Erwin Graf: Ökosysteme beobachten – verstehen – schützen
© Auer Verlag

Infotext: Der See und seine Pflanzengesellschaften

Gewässerökosysteme mit Salz- oder Süßwasser

Ohne Wasser kann kein Lebewesen leben. Das größte Gewässerökosystem auf der Erde mit Millionen verschiedener Pflanzen-, Tier- und Mikroorganismenarten ist das Meer. Etwa drei Viertel der Erdoberfläche sind vom Meer bedeckt. Dies lässt sich bei einem Blick auf die Erde aus dem Weltraum gut erkennen.

Meerwasser schmeckt salzig, weil im **Salzwasser der Meere** durchschnittlich etwa 3 bis 4 % Salz enthalten sind. Enthält Wasser nur wenig Salz, so spricht man von **Süßwasser**. Mit Zucker hat das Süßwasser also nichts zu tun. Fließende Gewässer mit Süßwasser sind beispielsweise Bäche und Flüsse. Stehende Gewässer mit Süßwasser kann man wie folgt einteilen:

- Tümpel: kleinstes stehendes Gewässer, oft nur so groß wie ein Tisch, geringe Wassertiefe (oft nur bis 30 Zentimeter tief), kann ein- oder mehrmals im Jahr austrocknen
- Weiher: größer als Tümpel, bis 2 Meter tief, Sonnenlicht dringt bis auf den Boden
- Teich: meist künstlich angelegt (z. B. Teich im Schulgarten), bis 2 Meter tief, kann bei Bedarf abgelassen werden
- See: natürlich entstanden (ohne Einfluss des Menschen), über 2 Meter bis mehrere hundert Meter tief, meist große Fläche

Pflanzengesellschaften am Ufer eines Sees

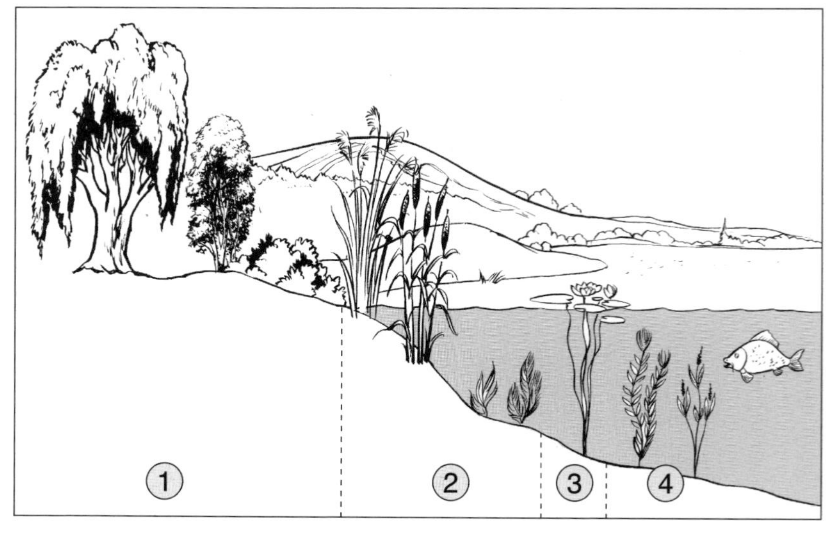

Nähert man sich einem See, so findet man am Ufer verschiedene Pflanzenarten. Vergleicht man den Uferbereich verschiedener Seen, so erkennt man bestimmte Zonen oder Gürtel von Pflanzen vom Ufer bis zum freien Wasser. Die Pflanzen sind an den jeweiligen Standort (Wassertiefe, Nährstoffgehalt, Lichtverhältnisse etc.) gut angepasst. Manchmal fehlen auch ganz bestimmte Zonen. Dies ist dann der Fall, wenn ein bestimmter Bereich des Sees als Badestrand oder als Anlegestelle für Boote genutzt wird. Vom Land zum freien Wasser lassen sich folgende **Pflanzengürtel** unterscheiden:

1. Bruchwaldgürtel: Erlen, Weiden und Seggen (= Sauergräser mit dreieckigem Stängel) am Rand zum Wasser; die Pflanzen kommen mit wenig Sauerstoff und Mineralsalz im feuchten Boden am Ufer aus
2. Röhrichtgürtel (Schilfgürtel): schließt sich der Bruchwaldzone zum See hin an; bis 4 Meter hohes Schilfrohr und Rohrkolben mit hohlen, sehr biegsamen Halmen; kleine stabile Blätter (werden bei Sturm nicht zerstört), bis 2 Meter Wassertiefe; Verankerung im Schlamm mit waagrecht wachsenden Erdsprossen
3. Schwimmblattgürtel: Teich- und Seerosen mit großen Blättern und Blüten; Wurzeln im Schlamm; bis 4 Meter Wassertiefe; Blätter und Stängel sind luftgefüllt; Blätter schwimmen auf dem Wasser; Spaltöffnungen der Blätter für den Gasaustausch liegen auf der Blattoberseite
4. Tauchblattgürtel: Tausendblatt und Wasserpest mit elastischem Spross und vielen kleinen Blättchen für die Fotosynthese; Blätter untergetaucht; fest im Schlamm mit kräftigen Wurzeln verankert; über 4 Meter Wassertiefe

Erwin Graf: Ökosysteme beobachten – verstehen – schützen
© Auer Verlag

Aufgaben: Der See und seine Pflanzengesellschaften

1. ★ Kreuze an: Was trifft für Meerwasser zu?

   Meerwasser …

   - ☐ ist auf dem Planeten Erde viel weniger vorhanden als Süßwasser.
   - ☐ enthält durchschnittlich 3 bis 4 % Salz.
   - ☐ ist das Wasser in Bächen, Flüssen und Seen.
   - ☐ ist ein anderer Begriff für Salzwasser.
   - ☐ bedeckt etwa drei Viertel der Erdoberfläche.

2. ★ Erläutere, was man unter „Süßwasser" versteht.

   ____

   ____

3. ★★ **a)** Trage die Ziffern hinter den folgenden Pflanzenzonen an der jeweils richtigen Stelle in die Abbildung ein: Bruchwaldgürtel (1), Schwimmblattgürtel (2), Tauchblattgürtel (3), Röhrichtgürtel / Schilfgürtel (4)

   b) Ergänze die jeweils passende Ziffer auch vor den Beschreibungen unter der Abbildung.

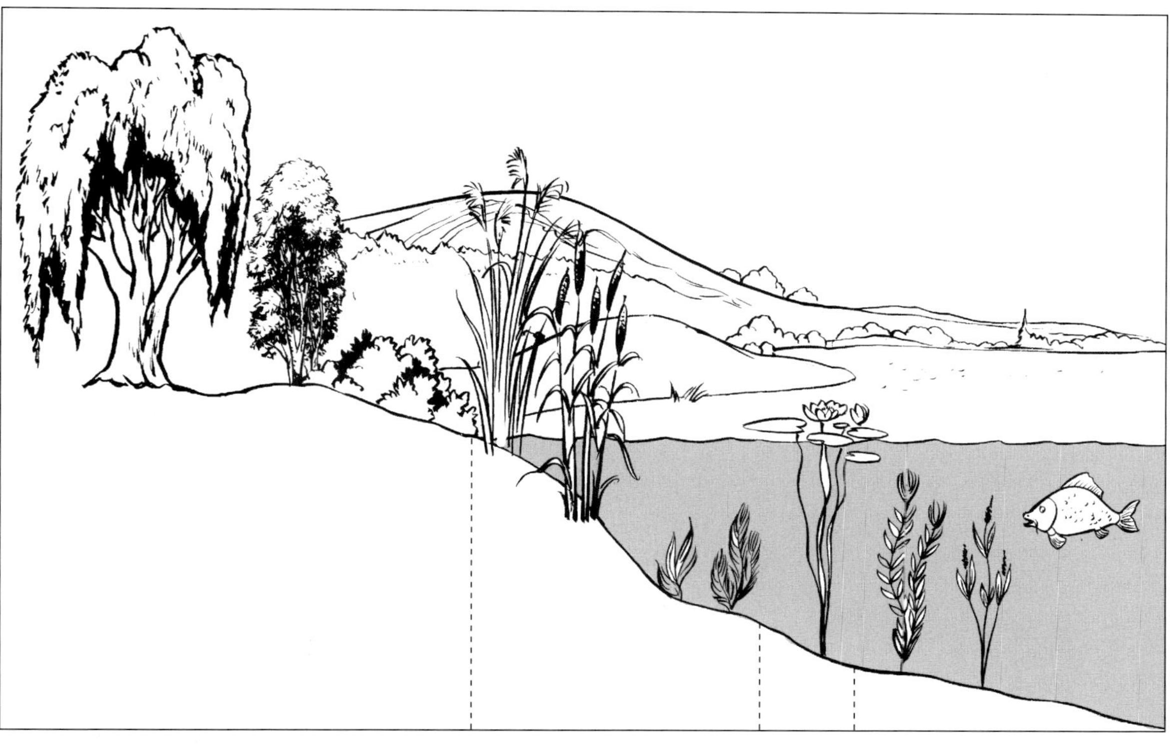

________ am Rand zum Wasser; Pflanzen: Erlen, Weiden und Seggen

________ Schilfrohr und Rohrkolben; bis zu 2 Meter Wassertiefe

________ Seerosen und Teichrosen; 2–4 Meter lange Stängel; bis zu 4 Meter Wassertiefe

________ Wasserpest und Tausendblatt; über 4 Meter Wassertiefe

Erwin Graf: Ökosysteme beobachten – verstehen – schützen
© Auer Verlag

Infotext: Plankton und Tiere am und im See (1)

Ein See ist Lebensraum für unvorstellbar viele Pflanzen und Tiere. Viele große Pflanzen (z. B. Schilfrohr, Rohrkolben) und große Tiere (z. B. Enten, Graureiher) können wir leicht erkennen. Aber die meisten Pflanzen und Tiere im See sind mikroskopisch klein und mit bloßem Auge nicht zu erkennen.

Plankton

Im freien Wasser eines Sees lebt und schwebt das pflanzliche und tierische **Plankton**. Die meisten Planktonorganismen sind sehr klein. Einzellige oder wenigzellige Algen mit der Fähigkeit zur Fotosynthese bilden das **pflanzliche Plankton**.

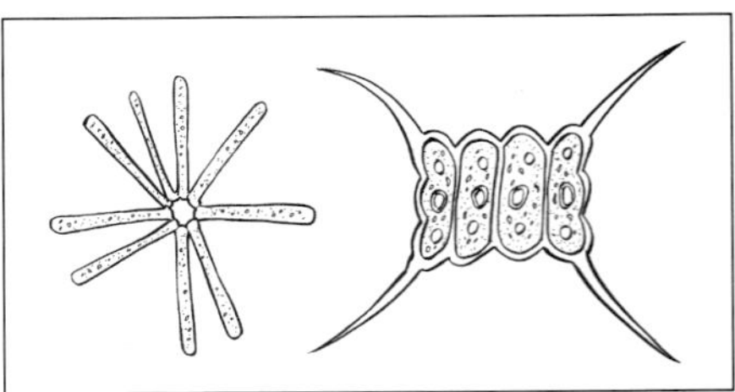
Planktonalgen (pflanzliches Plankton)

Die Algen, die im Wasser schweben, stellen alle Nährstoffe selbst her. Da das Sonnenlicht in einem See meist höchstens 10 Meter tief ins Wasser eindringen kann, ist die Fotosynthese der Algen auf die obere Wasserschicht begrenzt.

Ab einer Wassertiefe von etwa 10 Metern ist es im See dämmrig bis dunkel. Unterhalb von 10 Metern gibt es nur noch tote Algen und andere tote Pflanzen, die vom tierischen Plankton gefressen oder von Mikroorganismen (Bakterien, Pilze) zersetzt werden.

Das pflanzliche Plankton dient dem **tierischen Plankton** als Nahrungsgrundlage. Beispiele für tierische Planktonorganismen sind der Wasserfloh und der Hüpferling, die man mit dem bloßen Auge gerade noch erkennen kann. Durch ruckartige Bewegungen ihrer weit ausladenden Antennen können sich diese Planktonkrebse im Wasser über kurze Strecken bewegen und Nahrung finden. Mithilfe ihrer Antennen strudeln sie das pflanzliche Plankton herbei und fressen es.

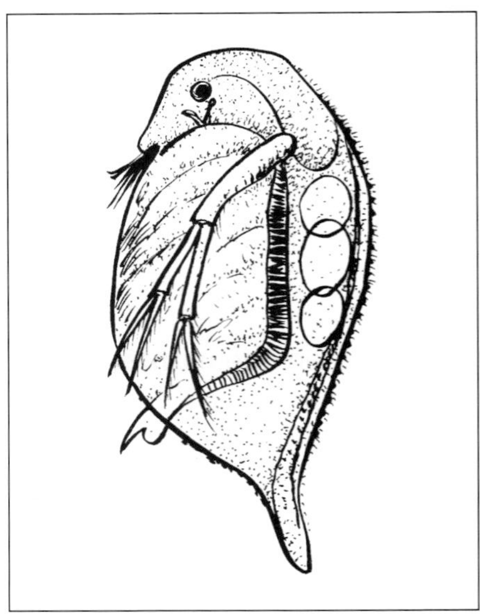
Wasserfloh (tierische Planktonorganismen)

Lebensgemeinschaft Röhricht

Im Röhricht leben und entwickeln sich Amphibien (Frösche, Molche und Kröten). Hier lebt der Wasserfrosch, den man von Frühjahr bis Sommer hören kann. Im Mai und Juni schlüpfen die Kaulquappen, die sich von Pflanzen ernähren, indem sie mit ihren kleinen Hornzähnchen Algen von den Blättern der Wasserpflanzen abschaben. Die erwachsenen Frösche sind Fleischfresser und ernähren sich vorwiegend von Fliegen und Mücken, die sie mit ihrer langen Froschzunge fangen.

Frosch

Erwin Graf: Ökosysteme beobachten – verstehen – schützen
© Auer Verlag

Infotext: Plankton und Tiere am und im See (2)

Die meisten kleineren Tiere im Röhricht wie Eintagsfliegen, Molche und Schnecken sind Pflanzenfresser oder Zersetzer. Von diesen Pflanzenfressern und Zersetzern ernähren sich nicht nur Wirbeltiere wie Fische, Amphibien und Vögel, sondern beispielsweise auch viele **räuberische Insekten** wie der Rückenschwimmer, der Wasserläufer und der Gelbrandkäfer.

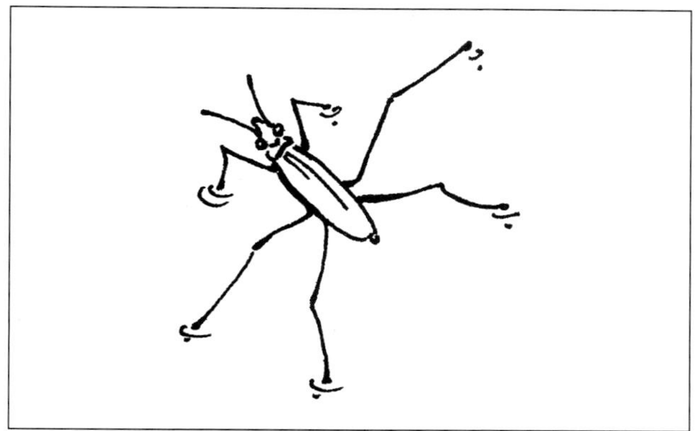

Wasserläufer

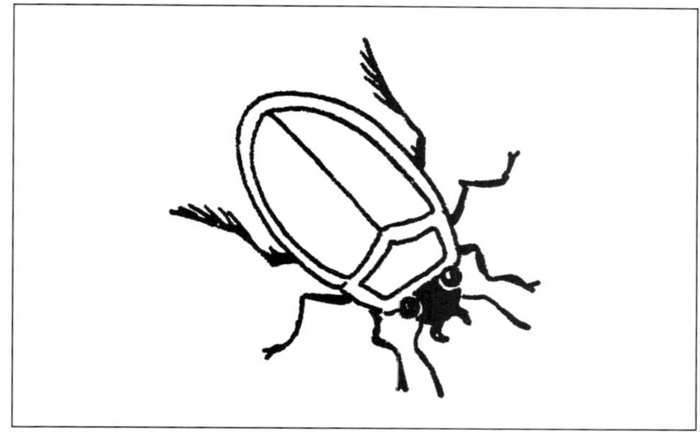

Gelbrandkäfer

Wasservögel am See

Breite und dichte Röhrichtgürtel sind ein Paradies für viele verschiedene Arten von Wasservögeln. Sieht man genauer hin, so erkennt man schnell, dass die verschiedenen Arten von Wasservögeln **unterschiedliche Ansprüche** an ihren Lebensraum haben.

Graureiher

Der **Graureiher** ist etwa so groß wie ein Storch und hat wie der Storch einen langen Hals. Dank seiner langen Beine kann sich der Graureiher nicht nur an Land schnell bewegen. Er kann auch gut fliegen. Schwimmen kann der Graureiher aber nicht, weshalb er sich nur in seichtes Wasser wagt.

Haubentaucher

Der etwas kleinere **Haubentaucher** kann sich an Land aufgrund seiner kurzen Beine nur sehr langsam bewegen. Er ist jedoch ein sehr guter Schwimmer und ein ausgezeichneter Taucher und schafft Wassertiefen von bis zu 10 Metern. An Land sieht man den Haubentaucher selten. Sein schwimmendes Nest baut er im Röhrichtgürtel aus zusammengetragenem Pflanzenmaterial.

Stockente

Die **Stockente** ist bei uns die häufigste Entenart. Sie kann gut schwimmen und erreicht kopfüber, dank ihres langen Halses, den Boden eines Sees bis 1 Meter Wassertiefe. Ihr Nest baut die Stockente geschützt im Schilf oder am Rand eines Sees an einer ruhigen Stelle mit Pflanzenmaterial.

Die **Reiherente** ist deutlich kleiner als die Stockente. Sie ist eine Tauchente und kann bis zu 5 Meter tief tauchen und dort nach Nahrung suchen. Ihre Hauptnahrung sind Muscheln, Schnecken und Würmer. Ihr Nest baut sie versteckt im Uferbereich.

Erwin Graf: Ökosysteme beobachten – verstehen – schützen
© Auer Verlag

Aufgaben: Plankton und Tiere am und im See

1. ★ Erläutere kurz, was man unter Plankton versteht.

2. ★ Beschreibe den Unterschied zwischen pflanzlichem und tierischem Plankton.

3. ★★ Begründe, weshalb es in einem See unterhalb von 10 Metern Wassertiefe keine lebenden Algen und sonstigen Pflanzen gibt.

4. ★★ Vervollständige die Tabelle.

Name des Lebewesens	Abbildung	Anmerkungen (Größe, Fotosynthese, Nest etc.)

	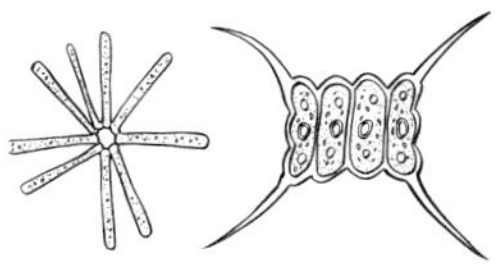	

5. ★★ Begründe, warum die Reiherente und der Haubentaucher keine Nahrungskonkurrenten sind.

Erwin Graf: Ökosysteme beobachten – verstehen – schützen
© Auer Verlag

Infotext: Wasservögel und ihre Nahrung am See

Vögel am See

An und in einem See leben nicht nur viele Pflanzenarten, sondern auch viele unterschiedliche Tiere. Besonders auffällig sind die Vögel, die man am See bei der Nahrungssuche beobachten kann.

Von **Plankton** (= pflanzliche und tierische Kleinstlebewesen), kleinen Pflanzen (z. B. Wasserpest, Algen) und kleinen Tieren (z. B. Wasserläufer, Gelbrandkäfer, kleine Schnecken, Kaulquappen) auf oder nahe an der Wasseroberfläche des Sees ernährt sich die **Löffelente** (1), die sehr gut schwimmen kann. Der vorne verbreiterte Schnabel der Löffelente ist zum Einsammeln und Aufnehmen der kleinen Wasserlebewesen sehr gut geeignet.

Eine ähnliche Nahrungszusammensetzung wie die Löffelenten haben die schwarzen **Blässhühner**, die man an der auffällig weißen Hornschicht über dem Schnabel leicht erkennen kann.

Der **Kiebitz** (2) watet mit seinen kurzen Beinen im seichten Wasser des Uferbereichs und sucht auf dem Boden nach kleinen Insekten und Würmern. Auch auf feuchten Wiesen und Feldern ist der Kiebitz gelegentlich bei der Nahrungssuche anzutreffen.

Der **Rotschenkel** (3) hat rote Beine und daher seinen Namen. Zudem sind seine Beine und sein Schnabel etwas länger als beim Kiebitz. Deshalb kann der Rotschenkel in tieferem Wasser nach verschiedenen Insekten-, Schnecken- und Wurmarten suchen. Durch die abgespreizten Zehen versinken Kiebitz und Rotschenkel bei der Nahrungssuche nicht im Schlamm.

Stockenten (4 und 5) holen sich ihre Nahrung (z. B. Pflanzen, Muscheln, Insekten) aufgrund ihres langen Halses vorwiegend vom Grund tieferer Wasserbereiche.

Der **Schwan** (6) mit seinem langen Hals kann im See an noch tieferen Stellen nach Insekten, Muscheln und Pflanzen suchen.

Der **Graureiher** (fälschlicherweise oft auch Fischreiher genannt) ist etwa so groß wie ein Storch, hat ebenfalls einen langen Schnabel und lauert im bis zu 1 Meter tiefen Wasser auf kleine und mittelgroße Fische (z. B. junge Karpfen).

Reiherenten (7) können bis zu 5 Meter tief tauchen. Sie suchen vorwiegend nach Pflanzen, Schnecken, Muscheln und Insekten als Nahrung.

Kormorane und **Haubentaucher** (Beide Vögel sind noch größer als die Stockenten.) können bis zu 10 Meter tief tauchen und suchen in dieser Tiefe nach Fischen, ihrer Hauptnahrung.

Ökologische Nischen am See

Die verschiedenen Wasservogelarten besetzen verschiedene ökologische Nischen bei der Ernährung. Dabei ist nicht nur der Ort der Nahrungssuche und die Zusammensetzung der Nahrung wichtig, sondern auch die Art der Nahrungssuche.

Erwin Graf: Ökosysteme beobachten – verstehen – schützen
© Auer Verlag

Aufgaben: Wasservögel und ihre Nahrung am See

1. ★ Kreuze an: Welche der folgenden Vögel sind Wasservögel, d. h. Vögel, die man auf einem See (schwimmend oder tauchend) sehen kann.

☐ Mäusebussard	☐ Kiebitz	☐ Uhu
☐ Blässhuhn	☐ Rotschenkel	☐ Schwan
☐ Schleiereule	☐ Stockente	☐ Reiherente

2. ★★ Vervollständige die Tabelle. Benenne dazu die abgebildeten Tiere, notiere ihren Ort der Nahrungssuche im See und die Art der Nahrung.

Abbildung des Vogels	**Name des Vogels**	**Wo findet der Vogel seine Nahrung im See?**	**Art der Nahrung**
 © JGade, https://stock.adobe.com/de			
 © rck, https://stock.adobe.com/de			
 © Wim, https://stock.adobe.com/de			
 © Rolf Müller, https://stock.adobe.com/de			

3. ★★ Erläutere, was man unter einer ökologischen Nische bei Wasservögeln hinsichtlich deren Ernährung versteht.

____

____

Erwin Graf: Ökosysteme beobachten – verstehen – schützen
© Auer Verlag

Infotext: Nahrungsketten und Nahrungsnetze im See

Ein See ist ein stehendes Gewässer, das von Land umschlossen ist und nur **Süßwasser** enthält. Die meisten Seen haben einen oder mehrere Zu- und Abflüsse. An und in einem See gibt es unzählige ökologische Nischen für Lebewesen – ob im Boden, im Wasser oder in der Luft. Nicht nur Vögel und Fische, sondern auch Amphibien und Insekten finden an einem See Schutz, Brut- und Laichplätze sowie ein reiches Nahrungsangebot. Auch für den Menschen ist der See vielfältig nutzbar – ob als Erholungsort oder als Nahrungsgrundlage. So schätzen z. B. Angler die unterschiedlichen Fische in einem See.

Produzenten

In einem See gibt es zahlreiche Nahrungsketten, die zu einem komplizierten Nahrungsnetz verbunden sind. Jede Nahrungskette im See beginnt mit Pflanzen, die zur Fotosynthese fähig sind. Diese Pflanzen bilden mithilfe des Sonnenlichts aus Kohlenstoffdioxid und Wasser energiereichen Traubenzucker (Glukose) und setzen dabei Sauerstoff frei, den die Wasserpflanzen in die Luft bzw. ins Wasser abgeben. Schematisch lässt sich der Vorgang der Fotosynthese wie folgt darstellen:

$$\text{Kohlenstoffdioxid + Wasser} \xrightarrow[\text{Sonnenlicht}]{\text{grüne Pflanzen}} \text{Traubenzucker + Sauerstoff}$$

Da grüne Pflanzen mithilfe des Sonnenlichts aus energiearmen Stoffen den energiereichen Traubenzucker herstellen können, nennt man diese Pflanzen auch **Produzenten**. Beispiele für Pflanzen am und im Wasser sind Algen, Rohrkolben, Schilfrohr, See- und Teichrosen, das Tausendblatt und die Wasserpest.

Konsumenten

Konsumenten sind auf die Vorleistungen der grünen Pflanzen angewiesen. Konsumenten am oder im Wasser sind Tiere wie Kaulquappen, Schnecken, Frösche, Forellen und Hechte. Auch größere Tiere wie die Ringelnatter und der Graureiher zählen zu den Konsumenten. Sie ernähren sich von kleineren Tieren. Natürlich ist auch der Mensch ein Konsument.

Destruenten

Die Destruenten oder „Zerstörer" zersetzen abgestorbene Pflanzen und tote Tiere. Bei diesem Abbau entstehen u. a. Kohlenstoffdioxid, Wasser und Nährsalze, die von den Produzenten aufgenommen und wiederverwertet werden.

Produzenten, Konsumenten und Destruenten bilden zusammen einen **Nährstoffkreislauf**.

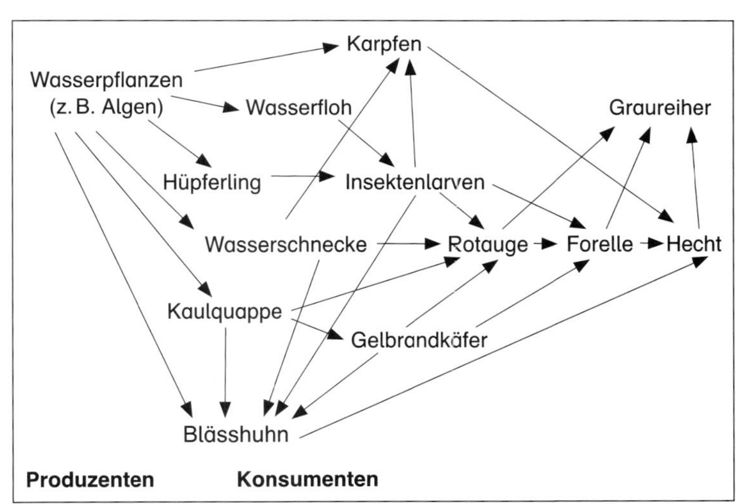

Die Lebewesen an und in einem See sind über **Nahrungsketten** in einem **Nahrungsnetz** miteinander verbunden. Je nach Sauerstoffgehalt und Temperatur im Seewasser, aber auch je nach Größe, Jahreszeit und Nutzung des Sees durch den Menschen (z. B. als Badesee, zum Surfen, zum Angeln) ist die Zusammensetzung der Lebewesen im See ganz unterschiedlich. Dementsprechend sind die Nahrungsnetze in verschiedenen Seen unterschiedlich.

Erwin Graf: Ökosysteme beobachten – verstehen – schützen
© Auer Verlag

Aufgaben: Nahrungsketten und Nahrungsnetze im See

1. ★ **a)** Skizziere einen dir gut bekannten See (z. B. in deiner Heimatgemeinde) aus der Vogelperspektive. Deute den Bewuchs des Seeufers skizzenhaft an.

b) Notiere den Namen des Sees und beschreibe kurz, wo sich der See befindet.

c) Gib die ungefähre Länge und Breite des Sees (in Metern oder Kilometern) an.

Ort des Sees: ____________________, Länge: ca. ________ m, Breite: ca. ________ m

2. ★ Erläutere, weshalb grüne Pflanzen der Beginn jeder Nahrungskette (auch in einem See) sind.

____

____

____

3. ★ Erstelle eine einfache Nahrungskette im See mit folgenden Tieren und nutze Pfeile (= wird gefressen von), um zu veranschaulichen, dass ein Lebewesen von einem anderen gefressen wird: Forelle, Wasserpflanzen, Gelbrandkäfer, Kaulquappen.

4. ★★ **a)** Erstelle ein Schema für den Nährstoffkreislauf im See und verwende dabei folgende Begriffe: Produzenten, Destruenten, Konsumenten.

b) Erläutere dein Schema.

____

____

____

____

Erwin Graf: Ökosysteme beobachten – verstehen – schützen
© Auer Verlag

Lösungen: Der See und seine Pflanzengesellschaften

1. ★

Meerwasser …

- ☐ ist auf dem Planeten Erde viel weniger vorhanden als Süßwasser.
- ☒ enthält durchschnittlich 3 bis 4 % Salz.
- ☐ ist das Wasser in Bächen, Flüssen und Seen.
- ☒ ist ein anderer Begriff für Salzwasser.
- ☒ bedeckt etwa drei Viertel der Erdoberfläche.

2. ★

Süßwasser ist Wasser, das wenig Salz enthält. (Hinweis: Mit der Geschmacksempfindung „süß" hat Süßwasser allerdings nichts zu tun.)

3. ★★ **a)**

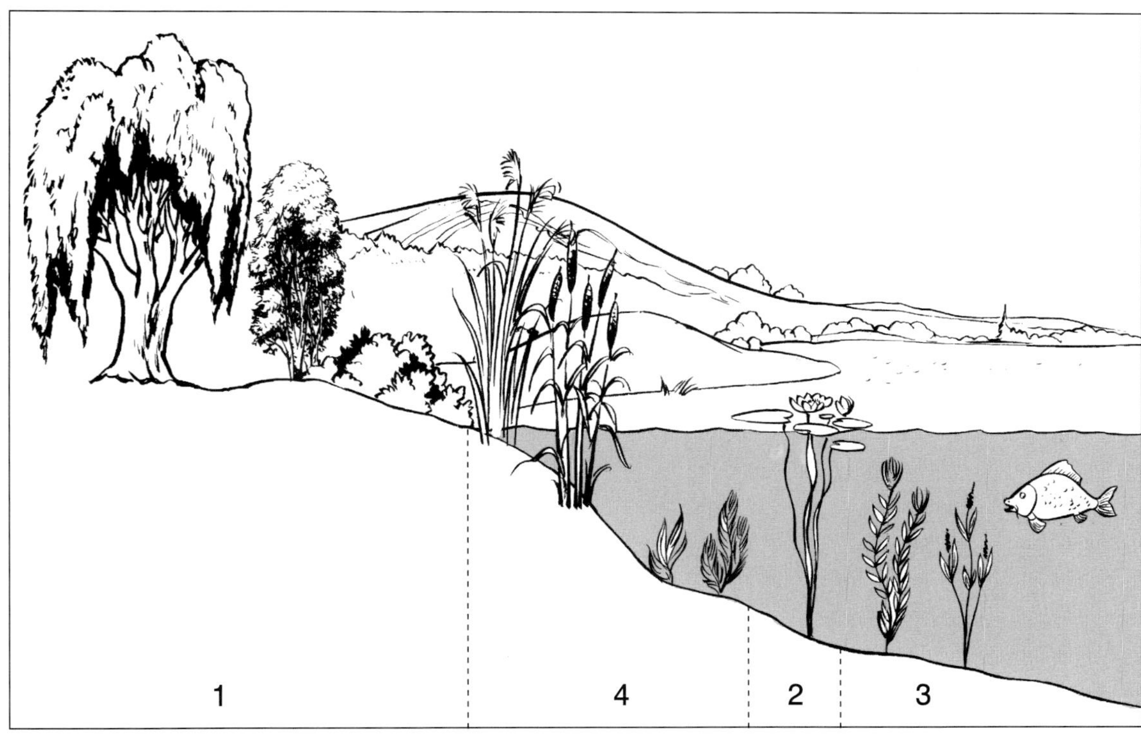

b)

1 am Rand zum Wasser; Pflanzen: Erlen, Weiden und Seggen

4 Schilfrohr und Rohrkolben; bis zu 2 Meter Wassertiefe

2 Seerosen und Teichrosen; 2–4 Meter lange Stängel; bis zu 4 Meter Wassertiefe

3 Wasserpest und Tausendblatt; über 4 Meter Wassertiefe

Lösungen: Plankton und Tiere am und im See

1. ★

Plankton = im Wasser schwebende Kleinlebewesen

Erwin Graf: Ökosysteme beobachten – verstehen – schützen
© Auer Verlag

2. ★

Pflanzliches Plankton sind Kleinlebewesen, die wie die grünen Blütenpflanzen zur Fotosynthese fähig sind. Tierisches Plankton kann keine Fotosynthese durchführen.

3. ★★

Das Sonnenlicht gelangt höchstens 10 Meter tief ins Wasser. Unterhalb dieser 10 Meter ist es im Wasser dunkel. Im Dunkeln können die grünen Pflanzen keine Fotosynthese mehr betreiben.

4. ★★

Name des Lebewesens	**Abbildung**	**Anmerkungen (Größe, Fotosynthese, Nest etc.)**
Stockente		etwa so groß wie ein Huhn, zwei Beine mit Schwimmhäuten zwischen den Zehen, Nest im Schilf oder am Rand des Sees an geschützter Stelle, Männchen etwas größer als Weibchen
Wasserläufer		lebt räuberisch, frisst kleine Insekten von der Wasseroberfläche, lange Beine
Planktonalgen		betreiben Fotosynthese, schweben im Wasser, bis in 10 Meter Tiefe zu finden

5. ★★

Die Reiherente kann bis zu 5 Meter tief tauchen und Nahrung finden (Muscheln, Schnecken, Würmer etc.). Der Haubentaucher kann bis zu 10 Meter tief tauchen und nach Nahrung (Muscheln, Schnecken etc.) suchen. Da Reiherente und Haubentaucher in unterschiedlichen Wassertiefen nach Nahrung suchen, sind sie keine Nahrungskonkurrenten in tiefen Seen.

Lösungen: Wasservögel und ihre Nahrung am See

1. ★

- ☐ Mäusebussard
- ☒ Blässhuhn
- ☐ Schleiereule
- ☒ Kiebitz
- ☒ Rotschenkel
- ☒ Stockente
- ☐ Uhu
- ☒ Schwan
- ☒ Reiherente

Erwin Graf: Ökosysteme beobachten – verstehen – schützen
© Auer Verlag

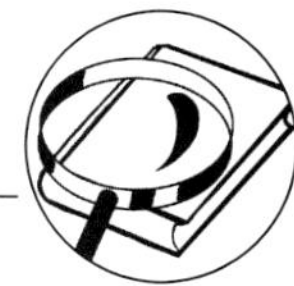

2. ★★

Abbildung des Vogels	Name des Vogels	Wo findet der Vogel seine Nahrung im See?	Art der Nahrung
 © JGade, https://stock.adobe.com/de	Blässhuhn	Wasseroberfläche (oder oberflächennah)	Plankton, kleine Pflanzen und Tiere
 © rck, https://stock.adobe.com/de	Stockente	Wasseroberfläche oder bis etwa 50 Zentimeter tief im Schlamm	Insekten, Schnecken, Kaulquappen
 © Wim, https://stock.adobe.com/de	Kiebitz	im Schlamm und seichtem Wasser	Insekten, Würmer
 © Rolf Müller, https://stock.adobe.com/de	Reiherente	taucht auf den Seegrund bis 5 Meter tief	Muscheln, Schnecken, Insekten

3. ★★

Die Wasservögel am See fressen nicht nur unterschiedliche Tiere, sondern finden ihre Nahrung auch an unterschiedlichen Stellen am bzw. im See.

Lösungen: Nahrungsketten und Nahrungsnetze im See

1. ★ **a)–c)**

individuelle Lösungen

2. ★

Nur die grünen Pflanzen sind zur Fotosynthese fähig, bei der aus Kohlenstoffdioxid und Wasser mithilfe des Sonnenlichts energiereicher Traubenzucker hergestellt wird. Von dieser Leistung der grünen Pflanzen sind alle Tiere und auch wir Menschen abhängig.

3. ★

Wasserpflanzen → Kaulquappen → Gelbrandkäfer → Forelle

4. ★★ **a)**

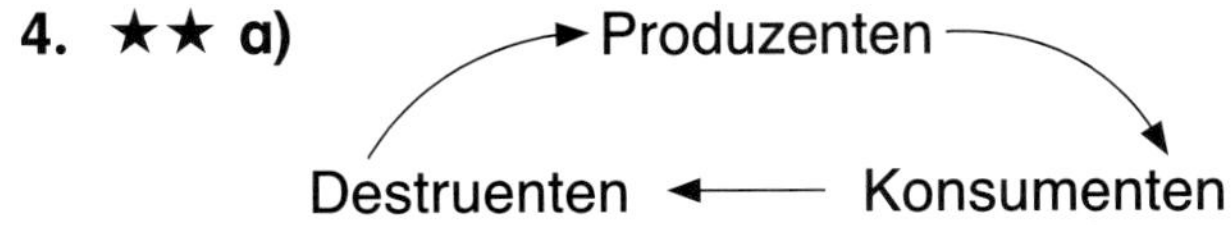

b) Die **Produzenten** bauen mithilfe der Fotosynthese energiereichen Traubenzucker auf. Von den Produzenten ernähren sich die **Konsumenten** (Tiere und Menschen). Abgestorbene Pflanzen und tote Tiere werden von den **Destruenten** „zerstört", d. h. zersetzt. Die dabei freiwerdenden Stoffe werden von den Produzenten wieder genutzt … und schon ist der **Nährstoffkreislauf geschlossen**.

Erwin Graf: Ökosysteme beobachten – verstehen – schützen
© Auer Verlag

Infotext: Jeder kann einen Beitrag zum Naturschutz leisten (1)

Naturschutz

In der Natur gibt es nicht nur viele unterschiedliche Pflanzen und Tiere, sondern auch unzählige Ökosysteme. Bestimmte Gebiete, auch in Deutschland, sind unter besonderen Schutz gestellt. Dabei kann es sich um ein Feuchtgebiet, ein Waldstück oder einen See handeln, aber es können auch große Lebensräume wie der Schwarzwald in Süddeutschland, der Bayrische Wald in Ostbayern oder das Wattenmeer an der Nordsee unter Naturschutz gestellt werden. In diesen **geschützten Gebieten** sollen **seltene oder vom Aussterben bedrohte Pflanzen- und Tierarten** (z. B. Orchideen, Wildbienen, Amphibien- und Reptilienarten, aber auch Säugetiere wie Hamster, Feldhasen, Wölfe, Wildkatzen, Fledermäuse, Biber und Fischotter) einen sicheren Lebensraum finden.

© vladislav333222, https://stock.adobe.com/de

Europäische Wildkatze

© annette shaff, https://stock.adobe.com/de

Biber

Auch große Ökosysteme wie das **Wattenmeer** an der Nordsee mit seinen zahlreichen Vogelarten und berühmten Seehundbänken stehen unter besonderem Schutz. Das Wattenmeer ist ein Gebiet, das seit mehreren Jahrzehnten geschützt wird. Dieses Gebiet erstreckt sich über eine Länge von mehr als 500 Kilometern an der gesamten deutschen Nordseeküste von den Niederlanden im Westen bis nach Dänemark im Norden.

© wWeiss Lichtspiele, https://stock.adobe.com/de

Seehundbank am Strand von Borkum: Ein Seehund wird bis zu 1,70 Meter lang, bis zu 80 Kilogramm schwer und ist ein Fleischfresser (vor allem Fische). Seehunde gehören zu der großen Gruppe der Robben.

Erwin Graf: Ökosysteme beobachten – verstehen – schützen
© Auer Verlag

Infotext: Jeder kann einen Beitrag zum Naturschutz leisten (2)

© outdoorpixel, https://stock.adobe.com/de

Jeder kann einen Beitrag zum Schutz der Natur leisten – auch du

Wenn neue Straßen und Gebäude gebaut werden, werden natürliche Lebensräume eingeschränkt oder ganz zerstört. Dies hat auch Auswirkungen auf Pflanzen und Tiere. Naturschützer machen auf die bedrohten Pflanzen, Tiere und Lebensräume aufmerksam, legen beispielsweise Schutzzäune und Tunnel für wandernde Amphibien an und helfen den Tieren auf dem Weg zu ihren Laichgewässern, indem sie die Tiere in Eimern sammeln und über die Straßen tragen. Auf diese Weise setzen sich die Naturschützer dafür ein, dass die natürliche Vielfalt von Pflanzen und Tieren sowie deren Lebensräumen gewahrt werden.

In vielen Gemeinden gibt es Menschen, die sich für den Naturschutz einsetzen. Vielerorts gibt es sogar **Naturschutz-Gruppen**, denen bestimmte Projekte wichtig sind. Dort kannst du dich gern mit Ideen für den Naturschutz in der Gemeinde einbringen und dich für den Umweltschutz engagieren. **Naturschutzverbände** wie der **BUND** (**B**und für **U**mwelt und **N**aturschutz **D**eutschland) und der **NABU** (**Na**turschutz**bu**nd Deutschland) bieten Mitmach-Aktionen für Kinder und Jugendliche an.

Auch vor deiner Haustür kannst du einen Beitrag zum Naturschutz leisten – hier findest du einige Beispiele:

- Insektenhotels selbst bauen und im Garten zu Hause oder auf dem Schulgelände aufhängen
- Igel- und Blindschleichenhotels für die Überwinterung der Tiere an geschützten Orten aufstellen (im Herbst Zweige und Blätter in Haufen anlegen)
- Nistkästen für Vögel und Schlafplätze für Fledermäuse (Fledermaus-Kästen) bauen und an Bäumen aufhängen
- Baumscheiben an der Straße pflegen und blühende Pflanzen einsäen oder pflanzen
- sich an Müllsammlungsaktion in der Gemeinde beteiligen
- kleine Blühinseln (beispielsweise auf dem Schulgelände oder am Haus) anlegen, die möglichst von Frühjahr bis Herbst blühen und Insekten Nektar und Pollen bieten
- den Schulgarten naturnah gestalten (z. B. Bruchsteinmauern bauen, einen kleinen Teich anlegen, Samen für eine Vielfalt an blühenden Pflanzen aussäen)
- im Rahmen einer Bio-AG oder eines Projekttags einen Schulgarten oder -teich anlegen
- den Garten naturnah gestalten, sodass dort viele unterschiedliche Pflanzen wachsen, damit Igel und andere Tiere vielfältige Nahrung, Schutz und Überwinterungsmöglichkeiten finden
- den Müll zu Hause und in der Schule sammeln und in getrennten Behältern entsorgen
- „Naturschutztage" oder „Projekttage Umweltschutz" an der Schule anregen und/oder organisieren
- etc.

… denn **Naturschutz geht uns alle an!**

Erwin Graf: Ökosysteme beobachten – verstehen – schützen
© Auer Verlag

Aufgaben: Jeder kann einen Beitrag zum Naturschutz leisten

1. ★ Welche Ziele verfolgt der Naturschutz? Notiere mindestens zwei Ziele.

___

___

2. ★ Nenne drei Säugetiere, die in Deutschland bedroht und deshalb unter besonderen Schutz gestellt sind.

___

3. ★ a) Wie heißt das große Gebiet an Deutschlands Nordseeküste, das schon seit mehreren Jahrzehnten unter besonderen Schutz gestellt ist?

___

b) Welches große Säugetier kann man in diesem Schutzgebiet – meist gruppenweise – auf den warmen Sandbänken während der Ebbe beobachten?

___

4. ★★ Kreise ein, wo sich dieses Schutzgebiet auf der Deutschlandkarte befindet. Markiere anschließend deinen Wohnort mit einem X.

5. ★★ Nenne zwei Naturschutzverbände, die sich mit ihren Mitgliedern in Deutschland für den Schutz verschiedener Ökosysteme engagieren.

Abkürzung: ___ Name (ausgeschrieben): ___

Abkürzung: ___ Name (ausgeschrieben): ___

6. ★★ Erläutere mindestens drei Möglichkeiten, wie du „vor der eigenen Haustür" zum Umwelt- und Naturschutz beitragen kannst.

___

___

___

___

___

Erwin Graf: Ökosysteme beobachten – verstehen – schützen
© Auer Verlag

Infotext: Die Brennnessel – Nahrung für viele Insektenlarven

Brennnessel

© Mike, https://stock.adobe.com/de

Es gibt in der Natur verschiedene Brennnesselarten. Brennnesselpflanzen können über 1 Meter hoch werden und wachsen bevorzugt auf nährstoffreichen Böden (z. B. in der Nähe von Kompostabfällen, Natursteinmauern und Waldrändern). Die Blüten sind wenig auffällig, grünlich-weiß und werden vom Wind bestäubt.

Jeder kennt die Brennnessel – spätestens dann, wenn man mit einer Brennnessel-Pflanze schlechte Erfahrungen gemacht hat. Wer schon einmal eine Brennnessel unabsichtlich beim Vorbeigehen berührt oder eine Pflanze unvorsichtig angefasst hat, dem bleibt die Brennnessel meist in unangenehmer Erinnerung. Manchmal entstehen nach einem Kontakt mit einer Brennnessel schmerzhafte Schwellungen (Quaddeln), die erst nach Stunden wieder verschwinden.

Brennhaare

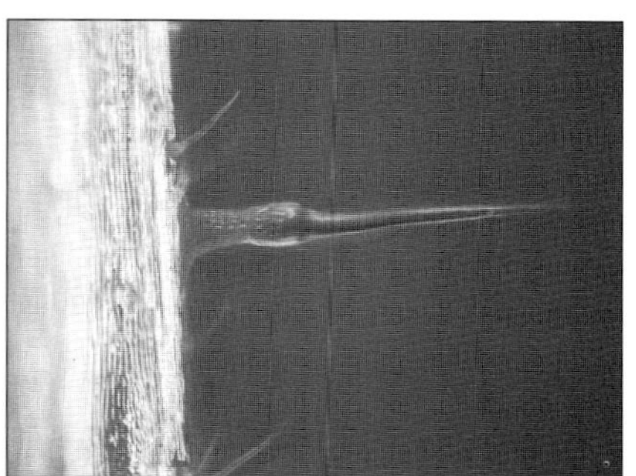
Brennnesselhaar

© ll911, https://stock.adobe.com/de

Unsere unangenehmen Erfahrungen mit Brennnesseln sind auf die vielen Brennhaare zurückzuführen. Diese sind besonders zahlreich auf der Blattoberseite und am Stängel zu finden. Mittels der Brennhaare schützt sich die Brennnessel vor Fressfeinden wie Hase, Dachs, Reh und Wildschwein.

Die Brennhaare sind recht lang und hohl. Jedes Brennhaar besteht nur aus einer einzigen Zelle. Zwischen den Brennhaaren befinden sich viele kleine, kurze Härchen, die keine Brennwirkung haben. Die kurzen Härchen schützen die Brennnessel vor Wasserverlusten.

Der untere Teil eines Brennhaares ist stark angeschwollen und enthält die Brennflüssigkeit. Diese besteht vor allem aus Ameisensäure. Der obere Teil eines Brennhaares ist durch Kieselsäure verstärkt und spröde wie Glas. Die Spitze eines Brennhaares wird durch ein kleines Köpfchen fest verschlossen. Berühren wir ein Brennhaar an der Spitze, so bricht das Köpfchen schräg ab. Die abgebrochene Spitze sticht in die Haut, wie die Kanüle einer Spritze. Die unter Druck stehende Brennflüssigkeit wird herausgepresst und in die Wunde gespritzt. Das ist die Ursache des Schmerzes, wenn wir ein Brennhaar versehentlich berühren.

Heilpflanze des Jahres 2022

Die Brennnessel ist eine alte Heilpflanze. Sie wurde zur Heilpflanze des Jahres 2022 gewählt. In den verschiedenen Teilen der Brennnessel finden sich zahlreiche Vitamine und Mineralstoffe sowie entzündungshemmende Wirkstoffe, die beispielsweise bei Kreislauferkrankungen, Rheuma und bei Harnwegsinfektionen helfen.

Nahrungspflanze für Insektenlarven

Für die Raupen von über 50 heimischen Schmetterlingsarten (z. B. Admiral, Tagpfauenauge, Kleiner Fuchs) sind Brennnesseln die wichtigsten Futterpflanzen. Ohne Brennnesseln fehlt den Raupen die Nahrung und die Larven sterben. Der Schutz der Brennnessel ist also gleichzeitig auch ein **Insektenschutz**. Deshalb sollten, wo immer möglich, Brennnesseln erhalten und nicht abgemäht oder ausgegraben werden.

Erwin Graf: Ökosysteme beobachten – verstehen – schützen
© Auer Verlag

Aufgaben: Die Brennnessel – Nahrung für viele Insektenlarven

1. ★ Nenne zwei Krankheiten, bei denen die Inhaltsstoffe von Brennnesseln Linderung bringen können.

____

____

2. ★ Nenne mindestens zwei wirbellose Tiere, die auf die Brennnessel als Nahrungsquelle angewiesen sind.

____

____

3. ★★ **a)** Beschreibe, wo man die Brennhaare bei einer Brennnessel gefahrlos finden kann.

   Hinweis: Auch Hilfsmittel sind erlaubt, um an der Brennnessel die Brennhaare zu finden.

   ____

   ____

   Als Hilfsmittel gut geeignet ist: ______________________

   b) Erläutere, welche Bedeutung die Brennhaare für die Brennnessel haben.

   ____

   ____

4. ★★ Viele Insekten sind bedroht und finden immer weniger Nahrung. Überlege dir, wie du einen Beitrag leisten kannst, um mithilfe von Brennnesseln (z. B. auf dem Schulgelände, im Garten zu Hause etc.) die Vielfalt an Insekten zu fördern. Notiere deine Ideen.

____

____

____

____

____

____

____

____

Erwin Graf: Ökosysteme beobachten – verstehen – schützen
© Auer Verlag

Infotext: Lebensräume schützen

Lebensräume

Lebensräume sind Gebiete, in denen Lebewesen meist dauerhaft vorkommen. Da Lebewesen ganz unterschiedliche Ansprüche an einen Lebensraum haben, kommen in verschiedenen Lebensräumen auch unterschiedliche Lebewesen vor. Manche Lebewesen wie beispielsweise Schwalben und Störche verbringen die warme Jahreszeit bei uns und fliegen im Herbst nach Afrika, um dort zu überwintern. Das ist durchaus sinnvoll, denn im Winter finden Schwalben bei uns in Mitteleuropa kaum Insekten als Nahrung, sodass sie verhungern würden.

Lebensraum Gewässer

© KK imaging, https://stock.adobe.com/de

Frösche und Kröten brauchen ein stehendes oder ein langsam fließendes Gewässer, um zu laichen. Die Kaulquappen, die aus den Eiern schlüpfen, atmen mittels Kiemen und ernähren sich von Wasserpflanzen. Schließlich entwickeln sich die Kaulquappen im Wasser zu Fröschen, die durch die Haut und mit ihrer Lunge atmen. Die jungen Frösche und Kröten verlassen das Wasser und ernähren sich in feuchten Wiesen oder Wäldern von Spinnen, Mücken und anderen kleinen Tieren. Zudem leben am Rand eines Sees oder Bachs nur solche Pflanzen (z. B. Feuchtgräser, Erlen, Weiden), die auf viel Wasser angewiesen sind.

Wird ein Bach oder See trockengelegt oder ein Bachlauf begradigt, so trocknet oft nicht nur das Gewässer, sondern auch die Umgebung aus. Deshalb sterben die Pflanzen und Tiere, die auf feuchte Böden oder Wasser angewiesen sind. Auf diese Weise verändert sich plötzlich die bunte Artenvielfalt im betreffenden Lebensraum und er verarmt. Sind bestimmte Lebewesen einmal in einem Lebensraum verschwunden, so kommen sie meist nicht wieder.

Veränderung von Lebensräumen

Durch den Bau von Wohngebäuden, Straßen, Eisenbahnlinien und Fabriken werden tagtäglich natürliche Lebensräume von Pflanzen und Tieren verändert oder gehen ganz verloren. Auch durch Schadstoffe in der Luft von Heizungen, Fabriken und Autos sowie durch die Anwendung von Pflanzenschutzmitteln und Kunstdünger werden Pflanzen und Tiere gefährdet oder getötet.

Schutz und Schaffung von Lebensräumen

© christian65, https://stock.adobe.com/de

Einzelne Pflanzen- und Tierarten zu schützen ist zwar wichtig, reicht aber nicht aus. Wichtiger ist, ganze Lebensräume mit den dort lebenden Pflanzen und Tieren zu schützen. Nur dann, wenn die Lebewesen gute Bedingungen in einem Lebensraum haben, können sie dauerhaft dort leben. So kann die Artenvielfalt erhalten werden. Deshalb werden immer mehr Maßnahmen ergriffen, um wieder naturnahe Lebensräume zu schaffen und zu schützen, z. B.:

- Begradigte Bäche und Flüsse werden um- bzw. zurückgebaut und erhalten wieder Biegungen.
- Ufer werden mit Büschen und Bäumen bepflanzt.
- Grünstreifen zwischen Straßen werden weniger oft gemäht, sodass viele verschiedene Blütenpflanzen wachsen, blühen und ihre Samen verbreiten können.
- Bei der Planung von Siedlungen und Industrieanlagen wird an neue Hecken, Teiche etc. gedacht.
- Baumscheiben am Straßenrand werden bepflanzt, gepflegt und geschützt.
- Wälder werden langsam umgestaltet, sodass dort zunehmend unterschiedliche Kräuter, Sträucher und Bäume wachsen.

Erwin Graf: Ökosysteme beobachten – verstehen – schützen
© Auer Verlag

Aufgaben: Lebensräume schützen

1. ★ Erläutere, warum es durchaus sinnvoll ist, dass es bei uns in Mitteleuropa im Winter keine Schwalben gibt.

2. ★ Was versteht man unter einem Lebensraum? Erkläre und nutze für deine Erklärung die folgenden Wörter: Pflanzen, Gebiet, dauerhaft, Tiere.

3. ★★ Kreuze an, ob die folgenden Aussagen richtig oder falsch sind. Korrigiere falsche Aussagen in der rechten Spalte.

Aussage	richtig	falsch	Korrektur
a) Wenn Frösche und Kröten ihre Eier in einem Gewässer ablegen, spricht man von laichen.			
b) Kaulquappen entwickeln sich aus Wasserschnecken.			
c) Frösche und Kröten ernähren sich von kleinen Tieren.			
d) Kaulquappen ernähren sich von kleinen Schnecken.			
e) Frösche und Kröten legen ihre Eier im Frühjahr in Teichen, Seen oder langsam fließenden Gewässern ab.			
f) Kaulquappen sind Pflanzenfresser und atmen mit Kiemen.			
g) Frösche und Kröten haben Lungen zum Atmen, sie atmen aber auch über die Haut.			

4. ★★ Warum wird ein Flusslauf umgestaltet und renaturiert? Notiere deine Vermutungen.

Erwin Graf: Ökosysteme beobachten – verstehen – schützen
© Auer Verlag

Lösungen: Jeder kann einen Beitrag zum Naturschutz leisten

1. ★

Schutz bedrohter Pflanzen und Tiere, Schutz von Ökosystemen

2. ★

mögliche Lösungen: Hamster, Feldhase, Wildkatze, Wolf, Fischotter, Biber, …

3. ★

a) Wattenmeer

b) Seehunde (gehören zur Gruppe der Robben)

4. ★★

5. ★★

Abkürzung: NABU, Name (ausgeschrieben): Naturschutzbund Deutschland
Abkürzung: BUND, Name (ausgeschrieben): Bund für Umwelt und Naturschutz Deutschland

6. ★★

- Bauen und Aufhängen von Insektenhotels, Nistkästen für Vögel und Fledermauskästen, …
- Laubhaufen im Garten oder an Straßenbäumen liegen lassen (mit Genehmigung der Stadt); ggf. Schild anbringen: „Igelhotel" o. Ä.
- Baumscheiben am Straßenrand pflegen, im Sommer gießen und blühende Pflanzen fördern

Lösungen: Die Brennnessel – Nahrung für viele Insektenlarven

1. ★

Rheuma, Kreislauferkrankungen, Harnwegsinfektionen (z. B. Blasenentzündung)

2. ★

Raupen von Schmetterlingen, z. B.: Admiral, Kleiner Fuchs, Tagpfauenauge etc.

3. ★★

a) Die Brennhaare sieht man z. B. am Stängel. Sie sind viel länger und dicker als die anderen Härchen der Brennnessel.

Als Hilfsmittel gut geeignet ist: eine Lupe

b) Die Brennhaare sind ein Schutz vor Fressfeinden, z. B. Hasen, Rehen, Wildschweinen etc.

Erwin Graf: Ökosysteme beobachten – verstehen – schützen
© Auer Verlag

4. ★★

mögliche Lösungen: Brennnesseln an Komposthaufen oder Mauern stehen lassen und Hinweisschild zur Bedeutung von Brennnesseln anfertigen und anbringen; Bericht für Schulzeitung zum Thema „Brennnesseln und Insekten/-schutz“ verfassen; …

Lösungen: Lebensräume schützen

1. ★

Schwalben ernähren sich (vor allem) von Insekten. Im Sommer fliegen bei uns viele Insekten, im Winter allerdings kaum. Daher würden die Schwalben bei uns im Winter verhungern. Deshalb ist es biologisch sinnvoll, dass die Schwalben im Herbst nach Süden ziehen und z. B. in Afrika überwintern, wo es im Winter warm ist und es genügend Insektennahrung gibt.

2. ★

Ein Lebensraum ist ein Gebiet, in dem Pflanzen und Tiere dauerhaft leben, da sie hier gute Lebensbedingungen vorfinden.

3. ★★

Aussage	richtig	falsch	Korrektur
a) Wenn Frösche und Kröten ihre Eier in einem Gewässer ablegen, spricht man von laichen.	✗		
b) Kaulquappen entwickeln sich aus Wasserschnecken.		✗	Kaulquappen **schlüpfen aus Eiern, dem Froschlaich**.
c) Frösche und Kröten ernähren sich von kleinen Tieren.	✗		
d) Kaulquappen ernähren sich von kleinen Schnecken.		✗	Kaulquappen ernähren sich von **Wasserpflanzen**.
e) Frösche und Kröten legen ihre Eier im Frühjahr in Teichen, Seen oder langsam fließenden Gewässern ab.	✗		
f) Kaulquappen sind Pflanzenfresser und atmen mit Kiemen.	✗		
g) Frösche und Kröten haben Lungen zum Atmen, sie atmen aber auch über die Haut.	✗		

4. ★★

mögliche Lösungen: sieht schöner aus; Wasser fließt langsamer abwärts und kann leichter versickern (Grundwasserbildung); Wasserzonen mit schnell und langsam fließendem Wasser ermöglichen es vielen unterschiedlichen Tieren, im Fluss zu leben (höhere Artenvielfalt); Hochwasserschutz; mehr Pflanzen am Rand des Flusses (ebenfalls Lebensraum für viele Tiere: Schutz, Nahrung, Unterschlupf, Versteck etc.); …

Erwin Graf: Ökosysteme beobachten – verstehen – schützen
© Auer Verlag